DAS JU JUTSU BREVIER

von Peter Nehls, 7. Dan
und Dieter Rast, 4. Dan

mit 100 Fotos von K. Krumm

11. Auflage
1985

VERLAG WEINMANN – BERLIN

CIP-Kurztitelaufnahme der Deutschen Bibliothek

Nehls, Peter:
Das Ju-Jutsu-Brevier : [e. Leitf. für d. Gürtelprüfung] / von Peter Nehls u. Dieter Rast. Mit 100 Fotos von K. Krumm. - 11. Aufl. - Berlin : Weinmann, 1985.
ISBN 3-87892-030-X
NE: Rast, Dieter:

© 1975 (auch auszugsweise oder fototechnische Wiedergabe) die Übersetzungs- und alle sonstigen Rechte by Verlag Weinmann 1 Berlin 41

Repro Faesser
Satz + Druck Hildebrand

Inhaltsverzeichnis

Vorwort 7
5. Kyu-Grad, Gelbgurt 9
4. Kyu-Grad, Orangegurt 18
3. Kyu-Grad, Grüngurt 28
2. Kyu-Grad, Blaugurt 39
1. Kyu-Grad, Braungurt 49
1. Dan-Grad, Schwarzgurt 61
2. Dan-Grad, Schwarzgurt 71
3. Dan-Grad, Schwarzgurt 80
4. Dan-Grad, Schwarzgurt 81
5. Dan-Grad, Schwarzgurt 81
Prüfungsordnung für Ju Jutsu-, Kyu- und Dan-Grade 82
Beitrags- und Gebührenordnung des DDK 86
Allgemeine Verfahrensordnung für Kyu-Grade 89
Verfahrensordnung für Ju Jutsu-Kyu-Grade 94
Spesenordnung 96
Allgemeine Verfahrensordnung für Dangrade 97
Verfahrensordnung für Ju Jutsu-Dan-Grade 103
Prüfungsliste 106
Fachwörterbuch 107

Vorwort

Wehrhaft zu sein ist ein Grundbedürfnis der Menschen, um sich in Streit- oder Überfallsituationen sicher verteidigen zu können und überlegen zu sein. Da die einschlägigen Straftaten nicht gerade abgenommen haben, ist es verständlich, daß der Wunsch, sich wirksam verteidigen zu können in unserer Zeit zunehmende Tendenz hat. Manche gehen Ringen oder Boxen, viele machen Judo. Karate oder Taekwon Do erfreut sich großer Popularität und auch Aikido findet Anhänger. Alle diese Kampfsportarten dienen der Körperertüchtigung und Erziehung, alle haben aber auch Selbstverteidigungsaspekte. Für eine Selbstverteidigungs- bzw. Nahkampfausbildung erscheint es aber sinnvoll, bewährte Elemente aus allen diesen Systemen zu lehren und im Falle eines Angriffs anzuwenden. Auf diesem Gedanken basiert das moderne Ju-Jutsu, das auf älteren japanischen Selbstverteidigungsprak- tiken, dem Jiu-Jitsu sowie Judo, Karate und Aikido-Techniken, kombiniert mit speziellen Selbstverteidigungserfahrungen, ba- siert.

Dieses Ju-Jutsu-System vereinigt nach Meinung von Fachleuten sehr wirksame Techniken aus japanischen Kampfsportarten zu einem speziellen Abwehrsystem und wird heute u. a. bei Polizei, Bundesgrenzschutz und Bundeswehr gelehrt.

Vielleicht muß noch erwähnt werden, daß, welches System man auch immer praktiziert, ein unter allen Umständen sicherer und stets verläßlicher Schutz nicht möglich ist. Man kann durch eine intensive Beschäftigung mit solchen Techniken nur die Wahr- scheinlichkeit zu unterliegen erheblich verringern.

Die Verteidigungskraft basiert, abgesehen von dem Quantum Glück, das man stets zum Erfolg benötigt, auf drei Grundvor- aussetzungen:
1. Kraft und Kondition
2. Reaktion, Kampferfahrung und Härte
3. zweckmäßiger Technik.

Kraft und Kondition erwirbt man durch entsprechendes intensives Kampfsporttraining. Anzuraten ist auch ein Training mit Ge- wichten, siehe

Al. Murray, **MODERNES KRAFTTRAINING**
Gewichtheben für Fitneß und Leistungssport (erschienen im gleichen Verlag)
wobei zu beachten ist, daß z. B. ein kaufmännischer Angestellter mehr tun muß, um den Berufsvorteil von Eisenflechtern oder Stahlbauschlossern auszugleichen.

Die Reaktionsgeschwindigkeit ist bis zu einem bestimmten Grade individuell verschieden. Eine Schrecksekunde läßt sich durch Übung, Erfahrung und Umsicht verringern.

Besonders wichtig ist es, Kampferfahrung zu besitzen, um den tatsächlich im Ernstfall auftretenden Situationen und deren Geschwindigkeit, die sich wesentlich von Übungsraumklima und Grifflernen unterscheidet, gewachsen zu sein. Wer seine Verteidigungskraft stärken will, sollte neben Selbstverteidigungspraktiken eine Kampfsportart ausüben, um **Erfahrung** zu erwerben. Über die verschiedenen Kampfsportsysteme informieren Sie die Fachbücher auf der letzten Seite dieses Buches.

Zum Erwerb guter Technik ist vor allem Übung und nochmals Übung erforderlich. Um die Fortschritte der Ju-Jutsu-Treibenden zu überprüfen, hat man nach japanischem Vorbild Gürtelklassen (Kyu- und Dan-Grade) geschaffen. Um den jeweils nächsten Gürtel zu erhalten, muß eine bestimmte Anzahl von Techniken demonstriert und beherrscht werden. Welche Techniken nach den Bestimmungen der Bundesgruppe Ju-Jutsu des Deutschen Dan-Kollegiums e.V. verlangt werden, ist Inhalt dieses Breviers, das als Leitfaden für alle Gürtelprüfungen dient.

Bereiten Sie sich rechtzeitig vor, trainieren Sie fleißig und regelmäßig und streben Sie den Gürtel an, der Ihrem Können tatsächlich entspricht.

Wir wünschen viel Spaß beim Üben und Erfolg bei Ihrer Prüfung.

Verlag Weinmann

5. Kyu-Grad Gelbgurt

1. Etikette (richtiges Verbeugen im Stehen und Sitzen)
2. Falltechniken: Rollen und Stürze (Rolle vor- und rückwärts, Sturz seitwärts, Sturz vor- und rückwärts)
3. Bewegungslehre im Stand (neutrale Kampfstellung, Verteidigungsstellung, Aktionsstellung, Gleiten, Auslagewechsel, Übersetzschritte, Ausfallschritte, Drehungen im Stand, Schrittdrehungen, Doppelschrittdrehungen, Drehungen nach allen Seiten).
4. Die folgenden 10 Abwehrtechniken sollen jeweils gegen zwei der genannten Angriffsarten nach freier Wahl in Kombination vorgeführt werden. Kombinationen sind sinnvolle Zusammenfügungen von Ju Jutsu Techniken.

   Die jeweils nachstehend abgebildete Abwehrtechnik kann gegen **alle** aufgeführten Angriffsarten angewendet werden. Wir empfehlen als Abwehr die angekreuzten Angriffsarten.

Unterarmblock nach oben

x× Gerader Fauststoß zum Kopf
x× Stockschlag von oben mit einer Hand

Beidhändiger Stockschlag von oben
Griffansatz zu den Haaren
Griffansatz zum Hals
Messerstich von oben

Unterarmblock nach innen

Handfassen
Handgelenk fassen
× Würgen von vorn mit einer Hand und Schlag
Würgen von vorn mit beiden Händen
Ohrfeige
Griffansätze zum Oberkörper
✗ Gerader Fauststoß
Rückhandschlag
Stockschlag von innen
Stockschlag von außen
Messerstich von innen
Messerstich von außen

Unterarmblock nach außen

✗ Ohrfeige
Gerader Fauststoß
✗ Schwinger
Griffansätze zum Oberkörper
Stockschlag von außen
Stockschlag von innen
Messerstich von außen
Messerstich von innen

Tiefblock nach außen oder innen

✗ Gerader Fauststoß zum Magen
Griffansatz zur unteren Körperhälfte

✗ Fußtritte und Fußstöße vorwärts und seitwärts
Stockschlag von innen
× Stockschlag von außen
Stockstich
Messerstich von außen
Messerstich von innen
Messerstich von unten
Florettstich

Handfegen
Würgen von vorn mit einer Hand und Schlag
Griffansatz
✗ Gerader Fauststoß
Fußtritt vorwärts
Fußtritt seitwärts
Kniestoß
✗ Stockschlag von oben mit einer Hand
Stockschlag von außen
Stockschlag von innen
Stockstich
Florettstich
× Pistolenangriff von vorn (Gegner dicht am Körper)

Faustschlag/Fauststoß
Handfassen
Handgelenk fassen
Ärmel fassen
✘ Beidhändiger Griff in die Revers
Griff in die Haare von vorn
Griff zu Krawatte oder Hals und Schlag
Griffansatz
Kragenfassen von hinten
Schwitzkasten von vorn
Schwitzkasten von der Seite
Würgen von vorn mit einer Hand und Schlag
✘ Würgen von vorn mit beiden Händen
Würgen am Boden (Gegner zwischen den Beinen)
Würgen am Boden (Gegner von hinten)
Ohrfeige
Gerader Fauststoß
Aufwärtshaken
Rückhandschlag
Schwinger
Fußtritte und Fußstöße vorwärts und seitwärts
Stockschlag von oben mit einer Hand
Beidhändiger Stockschlag von oben
Stockschlag von innen
Stockschlag von außen
Stockschlag zu den Beinen
Stockstich
Messerstich von oben

Messerstich von unten
Messerstich von außen
Messerstich von innen
Florettstich
Pistolenangriff von vorn (Gegner dicht am Körper)
Pistolenangriff von hinten (Gegner dicht am Körper)

Griffsprengen und Grifflösen

Handfassen
Ärmel fassen
✘ Beidhändiger Griff in die Revers
Doppelnelson
Körperumklammerung von hinten über den Armen
✘ Würgen von vorn mit beiden Händen
Würgen am Boden (Gegner im Reitsitz)
Würgen am Boden (Gegner zwischen den Beinen)
Würgen am Boden (Gegner von hinten)
× Handgelenk fassen
Würgen von vorn mit einer Hand und Schlag
Würgen von der Seite mit beiden Händen
Würgen von hinten mit beiden Händen
Freies Würgen von hinten mit fassen des Handgelenks

Armriegel von außen

Handfassen
✗ Handgelenk fassen
Rückhandschlag
Stockschlag von oben mit einer Hand
✗ Stockschlag von innen
Messerstich von unten
Florettstich
Als Transportgriff

Handdrehbeugehebel

Handgelenk fassen
Ärmel fassen
✗ Beidhändiger Griff in die Revers
Griff zur Krawatte und Schlag
Kragenfassen von hinten

Griff in die Haare von vorn
Würgen von vorn mit einer Hand und Schlag
Körperumklammerung von hinten unter den Armen
✗ Würgen von vorn mit beiden Händen
Würgen von der Seite mit beiden Händen
Würgen von hinten mit beiden Händen
Würgen am Boden (Gegner zwischen den Beinen)
Würgen am Boden (Gegner seitlich)
Würgen am Boden (Gegner von hinten)
Griffansatz
Ohrfeige
Gerader Fauststoß
Rückhandschlag
Schwinger
Stockschlag von oben mit einer Hand
Stockschlag von innen
Stockschlag von außen
Messerstich von innen
Messerstich von außen
Messerstich von oben
Messerstich von unten
Florettstich
Pistolenangriff von vorn (Gegner dicht am Körper)
Pistolenangriff von hinten (Gegner dicht am Körper)

Hüftwurf

Kragenfassen von hinten
Würgen von vorn mit einer Hand und Schlag

Würgen von vorn mit beiden Händen
✗ Würgen von der Seite mit beiden Händen
✗ Würgen von hinten mit beiden Händen
Ohrfeige
Gerader Fauststoß
Aufwärtshaken
Rückhandschlag
Schwinger
Stockschlag von oben mit einer Hand
Stockschlag von innen
Stockschlag von außen
Beidhändiger Stockschlag von oben

4. Kyu-Grad   Orangegurt

1. Vorkenntnisse
2. Falltechniken wie 5. Kyu und rollen über Hindernisse
3. Bewegungslehre am Boden (seitliche Verteidigungslage, Auslagewechsel, Rollen um die Körperlängsachse, Gleiten, Aufstehen aus der Verteidigungslage mit Eigensicherung).
4. Vorführung von 12 Abwehrtechniken in Kombination gegen je zwei Angriffe nach freier Wahl

Handkantenblöcke

   Würgen von vorn mit einer Hand und Schlag
× Ohrfeige
   Gerader Fauststoß
   Rückhandschlag
   Schwinger
   Fußtritte und Fußstöße vorwärts und seitwärts
   Stockschlag von oben mit einer Hand
× Stockschlag von innen
   Stockschlag von außen
   Stockstich
   Messerstich von oben
   Messerstich von unten
   Messerstich von innen
   Messerstich von außen
   Florettstich

Handaußenkante, Schlag nach außen und innen

Handfassen
Handgelenk fassen
Ärmel fassen
Kragenfassen von hinten
Griffansatz
Körperumklammerung von vorn unter den Armen
Würgen von vorn mit einer Hand und Schlag
× Würgen von vorn mit beiden Händen
Würgen von der Seite mit beiden Händen
Würgen von hinten mit beiden Händen
Würgen am Boden (Gegner im Reitsitz)
Würgen am Boden (Gegner zwischen den Beinen)
Würgen am Boden (Gegner seitlich)
Ohrfeige
Gerader Fauststoß
Aufwärtshaken
Schwinger
Rückhandschlag
Fußtritte und Fußstöße vorwärts und seitwärts
Kopfstoß zum Magen
× Stockschlag von oben mit einer Hand
Stockschlag von außen
Stockschlag von innen
Beidhändiger Stockschlag von oben.
Stockstich
Messerstich von oben
Messerstich von unten

Messerstich von außen
Messerstich von innen
Florettstich
Pistolenangriff von vorn (Gegner dicht am Körper)
Pistolenangriff von hinten (Gegner dicht am Körper)

Knieschlag/Kniestoß

Handgelenke fassen
Kragen fassen von hinten
Beidhändiger Griff in die Revers
× Körperumklammerung von vorn über den Armen
Körperumklammerung von vorn mit Anheben
Würgen von vorn mit beiden Händen
× Würgen am Boden (Gegner von hinten)
Ohrfeige
Gerader Faustschlag
Aufwärtshaken
Schwinger
Kopfstoß zum Magen
Stockschlag von oben mit einer Hand
Beidhändiger Stockschlag von oben
Stockschlag von außen
Messerstich von oben
Messerstich von unten
Messerstich von außen
Florettstich

Fußtritt/Fußstoß vorwärts

Handfassen
Handgelenk fassen
Würgen von vorn mit einer Hand und Schlag
× Würgen von vorn mit beiden Händen
Griffansatz
Ohrfeige
Gerader Fauststoß
Aufwärtshaken
Rückhandschlag
× Schwinger
Fußtritte und Fußstöße vorwärts und seitwärts
Kopfstoß zum Magen
Stockschlag von oben mit einer Hand
Stockschlag von außen
Stockschlag zu den Beinen
Messerstich von oben
Messerstich von außen
Messerstich von innen
Florettstich

Fersenstoß/Fersentritt

Handgelenk fassen
Ärmel fassen
Beidhändiger Griff in die Revers
Griff zur Krawatte und Schlag
Kragenfassen von hinten
Würgen von vorn mit einer Hand und Schlag
Würgen von vorn mit beiden Händen
Würgen von der Seite mit beiden Händen
× Würgen von hinten mit beiden Händen
Griffansatz
Körperumklammerung von hinten unter den Armen
× Körperumklammerung von hinten über den Armen
Ohrfeige
Gerader Fauststoß
Aufwärtshaken
Rückhandschlag
Schwinger
Stockschlag von oben mit einer Hand
Stockschlag von außen
Stockschlag von innen
Beidhändiger Stockschlag von oben
Messerstich von oben
Messerstich von außen

Beineinhängen

× Körperumklammerung von vorn unter den Armen mit Anheben
× Körperumklammerung von vorn über den Armen mit Anheben
  Körperumklammerung von hinten unter den Armen mit Anheben
  Körperumklammerung von hinten über den Armen mit Anheben

Körperabbiegen

× Körperumklammerung von vorn unter den Armen
  Beide Handgelenke sind von hinten gefaßt
× Schwitzkasten von der Seite
  Stockschlag von oben mit einer Hand
  Stockschlag von innen

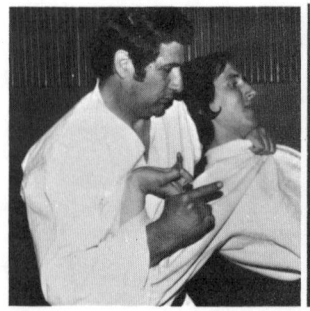 

Fingerhebel/Fingerpresse
Handfassen
× Körperumklammerung von hinten unter den Armen
Körperumklammerung von hinten unter den Armen mit Anheben
Würgen von vorn mit beiden Händen
Würgen von hinten mit beiden Händen
Würgen am Boden (eigene Bauchlage)
Würgen am Boden (Gegner im Reitsitz)
Pistolenangriff von vorn (Gegner dicht am Körper)
Pistolenangriff von hinten (Gegner dicht am Körper)
Als Festlegegriff
Als Aufhebegriff
× Als Transportgriff

Kipphandhebel
Handfassen

× Handgelenk fassen
Beidhändiger Griff in die Revers
Griff zur Krawatte und Schlag
Kragenfassen von hinten
× Würgen von vorn mit beiden Händen
Würgen von vorn mit einer Hand und Schlag
Würgen von der Seite mit beiden Händen
Würgen von hinten mit beiden Händen
Würgen am Boden (Gegner im Reitsitz)
Würgen am Boden (Gegner zwischen den Beinen)
Würgen am Boden (Gegner von hinten)
Ohrfeige
Gerader Fauststoß
Aufwärtshaken
Rückhandschlag
Stockschlag von oben mit einer Hand
Stockschlag von innen
Beidhändiger Stockschlag von oben
Stockstich
Messerstich von oben
Messerstich von unten
Messerstich von innen
Florettstich
Pistolenangriff von vorn (Gegner dicht am Körper)
Pistolenangriff von hinten (Gegner dicht am Körper)

Genickdrehhebel

× Körperumklammerung von vorn unter den Armen
Würgen von vorn mit beiden Händen
Würgen von hinten mit beiden Händen
Würgen am Boden (Gegner im Reitsitz)

× Würgen am Boden (Gegner zwischen den Beinen)
Würgen am Boden (Gegner von hinten)
Beidhändiger Griff in die Revers
Schwitzkasten von der Seite
Stockschlag von oben mit einer Hand
Fußtritte

Armstreckhebel zum Boden

Handgelenk fassen
× Ärmel fassen
Beidhändiger Griff in die Revers
Griff zur Krawatte und Schlag
Kragenfassen von hinten
Griff in die Haare von vorn
Griff in die Haare von hinten
Würgen von vorn mit einer Hand und Schlag
Würgen von vorn mit beiden Händen
Würgen von der Seite mit beiden Händen
Würgen von hinten mit beiden Händen
Ohrfeige
Gerader Fauststoß
Aufwärtshaken
Rückhandschlag
Schwinger
× Stockschlag von oben mit einer Hand
Stockschlag von innen
Stockschlag von außen
Beidhändiger Stockschlag von oben
Stockstich

Messerstich von oben
Messerstich von unten
Messerstich von außen
Messerstich von innen
Florettstich
Pistolenangriff von vorn (Gegner dicht am Körper)
Pistolenangriff von hinten (Gegner dicht am Körper)

Große Außensichel

Handgelenk fassen
Ärmel fassen
× Beidhändiger Griff in die Revers
Griff zur Krawatte und Schlag
Kragenfassen von hinten
Körperumklammerung von vorn über den Armen
Würgen von vorn mit einer Hand und Schlag
Würgen von vorn mit beiden Händen
× Ohrfeige
Gerader Fauststoß
Aufwärtshaken
Schwinger
Stockschlag von oben mit einer Hand
Stockschlag von außen
Beidhändiger Stockschlag von oben
Messerstich von oben
Messerstich von außen

3. Kyu-Grad Grüngurt

1. Vorkenntnisse
2. Falltechniken wie 4. Kyu mit Einwirkung des Partners.
3. Bewegungslehre wie 5. und 4. Kyugrad, jedoch in verbesserter Form
4. 13 Abwehrtechniken in Kombination gegen je einen Angriff nach freier Wahl vorführen.
   Vielseitigkeitsprüfung: Gegen vier verschiedene Angriffsarten nach freier Wahl soll der Prüfling jeweils die gleiche Abwehrtechnik anwenden. Es wird je eine Atemi-, eine Hebel-, eine Wurf- und eine sonstige Technik aus dem 3. Kyu verlangt.
   Anmerkung:
   Atemi bedeutet Schlag-, Stoß- oder Trittechnik.
   Sonstige Technik bedeutet, eine weitere Technik (z.B. Block, Handfegen oder freies Würgen) aus dem Programm ausführen.
5. Freie Abwehr vom Prüfer angesagter Angriffsarten (evtl. dabei verwendete Waffen sind abzunehmen).
6. Abwehr eines frei angreifenden Gegners.

Hand- und Fingerstiche
× Körperumklammerung von vorn unter den Armen
Körperumklammerung von vorn über den Armen
Körperumklammerung von hinten unter den Armen
Körperumklammerung von hinten über den Armen
Körperumklammerung von vorn mit Anheben
Körperumklammerung von hinten mit Anheben

Schwitzkasten von vorn
Schwitzkasten von der Seite
Würgen von vorn mit einer Hand und Schlag
Würgen von vorn mit beiden Händen
Würgen von hinten mit beiden Händen
Würgen von hinten mit dem Unterarm
Würgen am Boden (Gegner im Reitsitz)
Würgen am Boden (Gegner zwischen den Beinen)
Würgen am Boden (Gegner seitlich)
Würgen am Boden (Gegner von hinten)
Stockschlag von oben mit einer Hand
Stockschlag von außen
Stockstich
Messerstich von oben
Messerstich von unten
Messerstich von innen
Florettstich
Pistolenangriff von vorn (Gegner dicht am Körper)
Pistolenangriff von hinten (Gegner dicht am Körper)

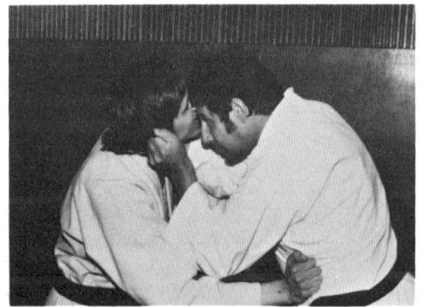

Kopfstoß

Handgelenke fassen
Beidhändiger Griff in die Revers
Körperumklammerung von vorn über den Armen
Körperumklammerung von hinten über den Armen
× Körperumklammerung von vorn unter den Armen

Körperumklammerung von hinten unter den Armen
Würgen von vorn mit beiden Händen
Ohrfeige
Schwinger
Doppelschwinger
Stockschlag von oben mit einer Hand
Stockschlag von außen

Fußtritt/Fußstoß seitwärts

Handfassen
Handgelenk fassen
Ärmel fassen
Griff zur Krawatte und Schlag
Kragenfassen von hinten
Würgen von vorn mit einer Hand und Schlag
Griffansatz
Gerader Fauststoß
Schwinger
Stockschlag von oben mit einer Hand
Stockschlag von innen
Messerstich von oben
Messerstich von unten
Messerstich von innen
× Florettstich

Freies Würgen

Handgelenk fassen
Würgen von vorn mit einer Hand und Schlag
Würgen von vorn mit beiden Händen
Griffansatz
Gerader Fauststoß
Rückhandschlag
Fußtritt vorwärts
× Stockschlag von oben mit einer Hand
Stockschlag von innen
Beidhändiger Stockschlag von oben
Stockstich

Handbeugehebel

Handfassen
Handgelenk fassen

× Beidhändiger Griff in die Revers
　Griff zur Krawatte und Schlag
　Kragenfassen von hinten
　Körperumklammerung von hinten unter dem Arm
　Schwitzkasten von vorn
　Schwitzkasten von der Seite
　Würgen von vorn mit beiden Händen
　Würgen von vorn mit einer Hand und Schlag
　Würgen von der Seite mit beiden Händen
　Würgen am Boden (Gegner zwischen den Beinen)
　Würgen von hinten mit beiden Händen
　Würgen am Boden (Gegner im Reitsitz)
　Würgen am Boden (Gegner von hinten)
　Ohrfeige
　Gerader Fauststoß
　Aufwärtshaken
　Rückhandschlag
　Stockschlag von oben mit einer Hand
　Stockschlag von innen
　Beidhändiger Stockschlag von oben
　Stockstich
　Messerstich von oben
　Messerstich von unten
　Messerstich von innen
　Florettstich
　Pistolenangriff von vorn (Gegner dicht am Körper)
　Pistolenangriff von hinten (Gegner dicht am Körper)
　Als Festlegegriff
　Als Transportgriff (Kavaliersgriff)

Kreuzfesselgriff

Handgelenk fassen
Ärmel fassen
Schwitzkasten von vorn
Ohrfeige
Gerader Fauststoß
Aufwärtshaken
Rückhandschlag
Schwinger
Stockschlag von oben mit einer Hand
Messerstich von unten
Florettstich
Pistolenangriff von vorn (Gegner dicht am Körper)
Pistolenangriff von hinten (Gegner dicht am Körper)
Als Aufhebegriff
Als Transportgriff

Armstreckhebel über die Schulter

Handfassen
× Handgelenk fassen
Beidhändiger Griff in die Revers
Würgen von vorn mit einer Hand und Schlag
Würgen von vorn mit beiden Händen
Ohrfeige
Rückhandschlag
Stockschlag von oben mit einer Hand
Stockschlag von innen
Stockschlag von außen
Als Transportgriff

Beinhebel

× Verteidigung aus der Bodenlage
Schwinger

Fußhebel

Körperumklammerung von hinten unter den Armen
× Fußtritte und Fußstöße vorwärts und seitwärts
Nierenschere von hinten

Beindurchzug

× Körperumklammerung von hinten unter den Armen
Körperumklammerung von hinten über den Armen

Große Innensichel

Körperumklammerung von vorn unter den Armen
Fußtritt von vorn unten
× Fußtritt von der Seite
Ohrfeige
Stockschlag von außen
Messerstich von außen

Hüftrad

Würgen von vorn mit einer Hand und Schlag
Würgen von vorn mit beiden Händen
Würgen von der Seite mit beiden Händen
Würgen von hinten mit beiden Händen
Beidhändiger Griff in die Revers

Körperumklammerung von hinten unter den Armen
× Körperumklammerung von hinten über den Armen
Körperumklammerung von hinten mit Anheben
Doppelnelson
Ohrfeige
Stockschlag von oben mit einer Hand
Stockschlag von außen mit einer Hand

Schulterwurf

Ärmel fassen
Beidhändiger Griff in die Revers
Körperumklammerung von hinten über den Armen
Körperumklammerung von hinten mit Anheben
Würgen von vorn mit einer Hand und Schlag
Würgen von vorn mit beiden Händen
× Würgen von hinten mit dem Unterarm
Ohrfeigen
Schwinger
Stockschlag von oben mit einer Hand
Stockschlag von außen

Beispiele für die Vielseitigkeitsprüfung

1. Atemitechnik (Fingerstiche)
a) Würgen von vorn mit beiden Händen
b) Körperumklammerung von vorn unter den Armen
c) Schwitzkasten von der Seite
d) Messerstich von oben

2. Hebeltechnik (Handbeugehebel)
a) Würgen von vorn mit beiden Händen
b) Beidhändiger Griff in die Revers
c) Schwitzkasten von vorn
d) Handgelenk fassen

3. Wurftechnik (Schulterwurf)
a) Stockschlag von oben mit einer Hand
b) Stockschlag von außen
c) Körperumklammerung von hinten über den Armen
d) Würgen von hinten mit dem Unterarm

4. Sonstige Technik (Freies Würgen)
a) Stockschlag von oben mit einer Hand
b) Gerader Fauststoß
c) Stockschlag von innen
d) Stockstich

2. Kyu-Grad   Blaugurt

1. Vorkenntnisse
2. Falltechnik: Freier Fall
3. 13 Abwehrtechniken in Kombination gegen je einen Angriff nach freier Wahl vorführen.
   Vielseitigkeitsprüfung: Gegen 6 verschiedene Angriffsarten nach freier Wahl soll der Prüfling jeweils die gleiche Abwehrtechnik anwenden. Es werden je eine Atemi-, Hebel-, Wurf- und eine sonstige Technik aus dem 2. Kyu verlangt.
4. Freie Abwehr der vom Prüfer angesagten Angriffsarten (Waffen abnehmen oder sicherstellen).
5. Abwehr eines frei angreifenden Gegners.

**Knöchelfauststoß/
Knöchelfaustschlag**

Handfassen
Handgelenk fassen
Ärmel fassen
Beidhändiger Griff in die Revers
Griff zur Krawatte und Schlag
Kragenfassen von hinten
Griff in die Haare von vorn
× Körperumklammerung von vorn unter den Armen
Körperumklammerung von hinten unter den Armen
Körperumklammerung von vorn mit Anheben
Körperumklammerung von hinten mit Anheben
Schwitzkasten von vorn
Schwitzkasten von der Seite
Würgen von vorn mit einer Hand und Schlag
Würgen von vorn mit beiden Händen

Würgen am Boden (Gegner im Reitsitz)
Würgen am Boden (Gegner zwischen den Beinen)
Würgen am Boden (Gegner seitlich)
Ohrfeige
Rückhandschlag
Schwinger
Gerader Fauststoß
Aufwärtshaken
Fußtritt von vorn unten
Fußtritt von der Seite
Kniestoß
Stockschlag von oben mit einer Hand
Stockschlag von innen
Stockschlag von außen
Beidhändiger Stockschlag von oben
Stockschlag gegen die Beine
Stockstich
Messerstich von oben
Messerstich von unten
Messerstich von außen
Messerstich von innen
Florettstich
Pistolenangriff von vorn (Gegner dicht am Körper)
Pistolenangriff von hinten (Gegner dicht am Körper)

Handballenschlag/Handballenstoß
Handfassen
Handgelenk fassen
Ärmel fassen

× Beidhändiger Griff in die Revers
  Griff zur Krawatte und Schlag
  Kragenfassen von hinten
  Griff in die Haare von vorn
  Körperumklammerung von vorn unter den Armen
  Würgen von vorn mit einer Hand und Schlag
  Würgen von vorn mit beiden Händen
  Würgen am Boden (Gegner im Reitsitz)
  Würgen am Boden (Gegner zwischen den Beinen)
  Würgen am Boden (Gegner seitlich)
  Ohrfeige
  Gerader Fauststoß
  Schwinger
  Fußtritt von vorn unten
  Kniestoß
  Stockschlag von oben mit einer Hand
  Stockschlag von innen
  Stockschlag von außen
  Stockstich
  Messerstich von oben
  Messerstich von unten
  Messerstich von außen
  Messerstich von innen
  Florettstich
  Pistolenangriff von vorn (Gegner dicht am Körper)
  Pistolenangriff von hinten (Gegner dicht am Körper)

Fußrückstoß
× Fußtritte und Fußstöße vorwärts und seitwärts

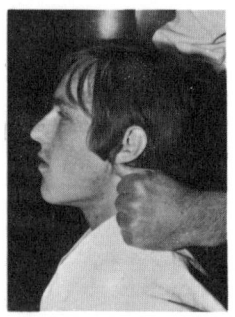

Ohrendruck

Beidhändiger Griff in die Revers
Körperumklammerung von vorn unter den Armen
Schwitzkasten von der Seite
Würgen von vorn mit beiden Händen
Würgen am Boden (Gegner im Reitsitz)
Würgen am Boden (Gegner zwischen den Beinen)
× Als Aufhebegriff
　Als Festlegegriff

Nasendruck

Beidhändiger Griff in die Revers
Körperumklammerung von vorn unter den Armen
Körperumklammerung von vorn über den Armen
× Schwitzkasten von der Seite

Würgen von vorn mit beiden Händen
Würgen am Boden (Gegner im Reitsitz)
Als Aufhebegriff

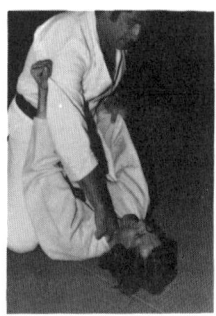

Knöchelwürge

Beidhändiger Griff in die Revers
Körperumklammerung von vorn unter den Armen
× Würgen am Boden (Gegner zwischen den Beinen)

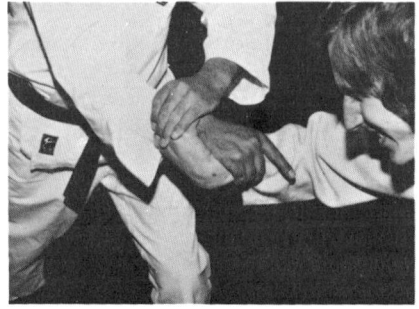

Handdrehhebel

Handgelenk fassen
× Ärmel fassen
Beidhändiger Griff in die Revers

Griff zur Krawatte und Schlag
Kragenfassen von hinten
Griff in die Haare von vorn
Würgen von vorn mit einer Hand und Schlag
Würgen von vorn mit beiden Händen
Würgen von der Seite mit beiden Händen
Würgen von hinten mit beiden Händen
Würgen am Boden (Gegner im Reitsitz)
Würgen am Boden (Gegner zwischen den Beinen)
Würgen am Boden (Gegner von hinten)
Ohrfeige
Gerader Fauststoß
Rückhandschlag
Schwinger
Stockschlag von oben mit einer Hand
Stockschlag von innen
Stockschlag von außen

Knieschulterstreckhebel/-würgen

Griff am Boden in die Revers
× Würgen am Boden (Gegner zwischen den Beinen)
Würgen am Boden (Gegner von der Seite)

Körperstreckhebel

Handgelenk fassen
Ärmel fassen
Beidhändiger Griff in die Revers
Griff zur Krawatte und Schlag
Kragenfassen von hinten
Griff in die Haare von vorn
Würgen von vorn mit einer Hand und Schlag
× Würgen von vorn mit beiden Händen
Würgen von der Seite mit beiden Händen
Würgen von hinten mit beiden Händen
Würgen am Boden (Gegner zwischen den Beinen)
Würgen am Boden (Gegner seitlich)
Würgen am Boden (Gegner von hinten)
Griffansatz
Ohrfeige
Gerader Fauststoß
Aufwärtshaken
Rückhandschlag
Schwinger
Stockschlag von oben mit einer Hand
Stockschlag von innen
Stockschlag von außen
Messerstich von innen
Messerstich von außen
Messerstich von oben
Messerstich von unten

Florettstich
Pistolenangriff von vorn (Gegner dicht am Körper)
Pistolenangriff von hinten (Gegner dicht am Körper)

Fersenrückwurf
× Verteidigung aus der Bodenlage

Ausheber oder Schaufelwurf

Beide Handgelenke sind von hinten gefaßt
Beidhändiges Würgen von hinten
Beidhändiges Würgen von der Seite
× Schwitzkasten von der Seite
Schwitzkasten von vorn
Körperumklammerung von hinten über den Armen

Kopfwurf

Griffansatz
Beidhändiger Griff in die Revers
× Beidhändiges Würgen von vorn
Ohrfeige
Stockschlag von oben mit einer Hand
Doppelschwinger

Eckenwurf

Griffansatz
× Beidhändiger Griff in die Revers
Beidhändiges Würgen von vorn
Ohrfeige
Stockschlag von oben mit einer Hand
Stockschlag von außen mit einer Hand
Doppelschwinger

Beispiele für die Vielseitigkeitsprüfung

1. Atemitechnik (Knöchelfauststoß)
a) Griff in den Ärmel von vorn
b) Beidhändiger Griff in die Revers
c) Körperumklammerung von vorn unter den Armen
d) Würgen von vorn mit beiden Händen
e) Würgen am Boden (Gegner im Reitsitz)
f) Stockschlag von oben mit einer Hand

2. Hebeltechnik (Körperstreckhebel)
a) Würgen von vorn mit beiden Händen
b) Beidhändiger Griff in die Revers
c) Griff in die Ärmel von vorn
d) Würgen von vorn mit einer Hand und Schlag
e) Stockschlag von außen
f) Stockschlag von oben

3. Wurftechnik (Ausheber)
a) Beide Handgelenke sind von hinten gefaßt
b) Beidhändiges Würgen von hinten
c) Beidhändiges Würgen von der Seite
d) Schwitzkasten von der Seite
e) Schwitzkasten von vorn
f) Körperumklammerung von hinten über den Armen

4. Sonstige Technik (Ohrendruck)
a) Beidhändiger Griff in die Revers
b) Körperumklammerung von vorn unter den Armen
c) Schwitzkasten von der Seite
d) Würgen von vorn mit beiden Händen
e) Würgen am Boden (Gegner im Reitsitz)
f) Würgen am Boden (Gegner zwischen den Beinen)

1. Kyu-Grad   **Braungurt**

1. Vorkenntnisse
2. 15 Abwehrtechniken in Kombination gegen je einen Angriff nach freier Wahl vorführen.

   Vielseitigkeitsprüfung: Gegen 8 verschiedene Angriffsarten nach freier Wahl soll der Prüfling jeweils die gleiche Abwehrtechnik anwenden. Es werden je eine Atemi-, eine Hebel-, eine Wurf- und eine sonstige Technik aus dem 1. Kyu verlangt.
3. Abwehr eines frei angreifenden Gegners
   a) mit und ohne Kontakt
   b) mit Waffen

Hand-/Faustrückenschlag

Handfassen
× Handgelenk fassen
Beidhändiger Griff in die Revers
Kragenfassen von hinten
Würgen von vorn mit einer Hand und Schlag
Würgen von vorn mit beiden Händen
Würgen von der Seite mit beiden Händen
Würgen von hinten mit beiden Händen
Würgen am Boden (Gegner im Reitsitz)
Würgen am Boden (Gegner zwischen den Beinen)
Ohrfeige
Gerader Fauststoß

Schwinger
Fußtritt von vorn unten
Fußtritt von der Seite
Kniestoß
Stockschlag von außen
Messerstich von außen

Handinnenkante, Schlag nach außen und innen

Handfassen
Handgelenk fassen
Ärmel fassen
Beidhändiger Griff in die Revers
Griff zur Krawatte und Schlag
Kragenfassen von hinten
Würgen von vorn mit einer Hand und Schlag
Würgen von der Seite mit beiden Händen
Würgen von vorn mit beiden Händen
Ohrfeige
Gerader Fauststoß
Aufwärtshaken
Rückhandschlag
Schwinger
Fußtritt von vorn unten
Fußtritt von der Seite
Kniestoß

Stockschlag von oben mit einer Hand
Stockschlag von innen
Stockschlag von außen
Stockstich
Messerstich von oben
Messerstich von unten
Messerstich von außen
× Florettstich
Pistolenangriff von vorn (Gegner dicht am Körper)
Pistolenangriff von hinten (Gegner dicht am Körper)

Fußtritt/Fußstoß rückwärts

Handgelenk fassen
Ärmel fassen
Kragenfassen von hinten
Würgen von hinten mit beiden Händen
× Gerader Fauststoß
Aufwärtshaken
Schwinger
Stockschlag von oben mit einer Hand
Messerstich von oben
Messerstich von unten

Rückentransporttechnik

Handgelenk fassen
Würgen von vorn mit einer Hand und Schlag
Würgen von vorn mit beiden Händen
Griffansatz
Gerader Fauststoß
Rückhandschlag
Stockschlag von oben mit einer Hand
Stockschlag von innen
Beidhändiger Stockschlag von oben
Stockstich
× Als Aufhebegriff
Als Transportgriff

Handsperrhebel
Handfassen

× Beidhändiger Griff in die Revers
Würgen von vorn
Griff in die Haare von vorn
Griff in die Haare von hinten
Griff zur Brust von hinten
– über die Schulter
– unter die Achsel
Als Transportgriff

Bauchstreckhebel

Handgelenk fassen
Ärmel fassen
Beidhändiger Griff in die Revers
Griff zur Krawatte und Schlag
Kragenfassen von hinten
Griff in die Haare von vorn
Würgen von vorn mit einer Hand und Schlag
Würgen von vorn mit beiden Händen
Würgen von der Seite mit beiden Händen
Würgen von hinten mit beiden Händen
Griffansatz
Ohrfeige
Gerader Fauststoß
Aufwärtshaken
Rückhandschlag
Schwinger
Stockschlag von oben mit einer Hand
× Stockschlag von innen

Stockschlag von außen
Messerstich von oben
Messerstich von unten
Messerstich von außen
Florettstich
Pistolenangriff von vorn (Gegner dicht am Körper)
Pistolenangriff von hinten (Gegner dicht am Körper)

Drehstreckhebel

Ärmel fassen
Beidhändiger Griff in die Revers
× Kragenfassen von hinten
Würgen von vorn mit einer Hand und Schlag
Griffansatz
Gerader Fauststoß
Messerstich von unten
Florettstich
Pistolenangriff von vorn (Gegner dicht am Körper)
Pistolenangriff von hinten (Gegner dicht am Körper)

Beinriegel

Griffansatz
Würgen von vorn mit einer Hand
Würgen von vorn mit beiden Händen
× Ohrfeige
Gerader Fauststoß
Schwinger
Fußtritt von vorn
Stockschlag von oben mit einer Hand
Stockschlag von außen
Stockschlag von innen
Beidhändiger Stockschlag von oben

Kippstreckhebel

Griff in die Revers am Boden

× Würgen am Boden (Gegner zwischen den Beinen)
Würgen am Boden (Gegner seitlich)
Als Festlegegriff

Seitstreckhebel

Würgen am Boden (Gegner zwischen den Beinen)
× Würgen am Boden (Gegner seitlich)
Als Festlegegriff

Doppelhandsichel

Griffansatz
Würgen von vorn mit einer Hand
× Würgen von vorn mit beiden Händen
Ohrfeige
Gerader Fauststoß
Schwinger
Doppelschwinger
Fußtritt von vorn
Stockschlag von oben mit einer Hand
Beidhändiger Stockschlag von oben

Stockschlag von außen
Stockschlag von innen

Kleine Innensichel

Griffansatz
Ohrfeige
Stockschlag von außen
Messerstich von oben
Messerstich von außen
× Körperumklammerung von vorn unter den Armen
Körperumklammerung von hinten über den Armen

Außendrehwurf

Körperumklammerung von hinten über den Armen
× Körperumklammerung von hinten unter den Armen
Doppelnelson
Würgen von hinten mit dem Unterarm
Würgen von vorn mit beiden Händen
Stockschlag von oben mit einer Hand
Stockschlag von außen
Ohrfeige

Schulterbeinzug

× Griffansatz
Würgen von vorn mit einer Hand
Würgen von vorn mit beiden Händen
Ohrfeige
Gerader Fauststoß
Schwinger
Fußtritt von vorn
Stockschlag von oben mit einer Hand
Stockschlag von außen
Stockschlag von innen

Kleiner Eingangswurf

Handgelenk fassen
× Ärmel fassen

Kragenfassen von hinten
Würgen von der Seite mit beiden Händen
Würgen von vorn mit beiden Händen
Würgen von hinten mit beiden Händen

Ohrfeige
Schwinger
Fußtritt vorwärts
Stockschlag von oben mit einer Hand
Stockschlag von außen
Beidhändiger Stockschlag von oben
Stockstich

Beispiele für die Vielseitigkeitsprüfung

1. Atemtechnik (Fußstoß rückwärts)
a) Beide Handgelenke sind von hinten gefaßt
b) Gerader Fauststoß
c) Ärmel fassen
d) Kragenfassen von hinten
e) Würgen von hinten mit beiden Händen
f) Aufwärtshaken
g) Schwinger
h) Stockschlag von oben mit einer Hand

2. Hebeltechnik (Beinriegel)
a) Griffansatz
b) Würgen von vorn mit einer Hand
c) Würgen von vorn mit beiden Händen
d) Ohrfeige
e) Schwinger
f) Gerader Fauststoß
g) Fußtritt von vorn
h) Stockschlag von außen

3. Wurftechnik (Doppelhandsichel)
a) Griffansatz
b) Ohrfeige
c) Würgen von vorn mit beiden Händen
d) Schwinger
e) Fußtritt von vorn
f) Stockschlag von oben mit einer Hand
g) Stockschlag von außen
h) Stockschlag von innen

4. Sonstige Technik (Transportwürge)
a) Handgelenk fassen
b) Griffansatz
c) Würgen von vorn mit beiden Händen
d) Würgen von vorn mit einer Hand und Schlag
e) Beidhändiger Stockschlag von oben
f) Stockschlag von innen
g) Stockschlag von oben
h) Stockstich

1. DAN-GRAD   Schwarzgurt

1. Vorkenntnisse
2. Erste Hilfe-Nachweis (DRK oder ähnliches)
3. Lehrbefähigungsnachweis
4. Abwehr zweier frei angreifender Gegner
   a) mit und ohne Kontakt
   b) mit Waffen
5. 16 Abwehrtechniken in Kombination vorführen.

Preßluftschlag
Beidhändiger Griff in die Revers
Körperumklammerung von vorn unter den Armen
Würgen von vorn mit beiden Händen
Würgen am Boden (Gegner im Reitsitz)
Würgen am Boden (Gegner zwischen den Beinen)
Fußtritt vorwärts

Ellenbogenschlag/Ellenbogenstoß vorwärts nach oben
Handgelenk fassen
Ärmel fassen
Kragenfassen von hinten
Würgen von vorn mit beiden Händen
Ohrfeige
Gerader Fauststoß
Schwinger
Stockschlag von oben mit einer Hand
Stockschlag von außen
Beidhändiger Stockschlag von oben
Messerstich von oben
Messerstich von unten
Messerstich von außen

Ellenbogenschlag/Ellenbogenstoß vorwärts
Handgelenk fassen
Ärmel fassen

Kragenfassen von hinten
Würgen von vorn mit einer Hand und Schlag
Würgen von hinten mit beiden Händen
Ohrfeige
Gerader Fauststoß
Aufwärtshaken
Rückhandschlag
Schwinger
Stockschlag von oben mit einer Hand
Stockschlag von außen
Beidhändiger Stockschlag von oben
Messerstich von oben
Messerstich von unten
Messerstich von außen

Ellenbogenstoß nach hinten

Kragenfassen von hinten
Griff in die Haare von hinten (mit gebeugtem Arm)
Körperumklammerung von hinten unter den Armen
Körperumklammerung von hinten über den Armen
Würgen von hinten mit beiden Händen
Würgen von hinten mit dem Unterarm
Ohrfeige
Schwinger
Stockschlag von oben mit einer Hand
Stockschlag von außen
Stockschlag von innen

Ellenbogenstoß zur Seite
Handfassen
Handgelenk fassen
Beidhändiger Griff in die Revers
Griff zur Krawatte und Schlag
Kragenfassen von hinten
Würgen von vorn mit einer Hand und Schlag
Würgen von vorn mit beiden Händen
Würgen von der Seite mit beiden Händen
Beide Handgelenke sind von hinten gefaßt
Ärmel fassen
Griff in die Haare von hinten
Griffansatz
Würgen am Boden (Gegner im Reitsitz)
Würgen am Boden (Gegner zwischen den Beinen)
Würgen am Boden (Gegner seitlich)
Ohrfeige
Gerader Faustsstoß
Rückhandschlag
Schwinger
Fußtritte und Fußstöße vorwärts und seitwärts
Stockschlag von außen
Stockschlag von innen
Stockstich
Messerstich von außen
Messerstich von innen

Ellenbogenstoß nach unten

Kopfstoß zum Magen
Handgelenk fassen
Griff zur Krawatte und Schlag
Würgen von vorn mit einer Hand und Schlag
Griffansatz
Schwinger
Doppelschwinger
Stockschlag von oben mit einer Hand
Messerstich von oben

Handseithebel

Handgelenk fassen
Ärmel fassen

Beidhändiger Griff ins Revers
Kragenfassen von hinten
Ohrfeige
Gerader Fauststoß
Schwinger
Stockschlag von oben mit einer Hand
Stockschlag von außen

Armbeugehebel

Gerader Fauststoß
Rückhandschlag
Stockschlag von oben mit einer Hand
Stockschlag von innen
Messerstich von unten
Messerstich von oben
Messerstich von innen
Pistolenangriff von hinten (Gegner dicht am Körper)

Beinbeugehebel
Verteidigung aus der eigenen Bodenlage
Gerader Fauststoß
Schwinger
Körperumklammerung von hinten

Beinstrecker
Würgen am Boden (Gegner zwischen den Beinen)

Nierenschere

Würgen am Boden (Gegner zwischen den Beinen)

Körperrückstoß

Beide Handgelenke sind von hinten gefaßt
Gerader Fauststoß
Florettstich

Hebezugfußhalten
Beidhändiger Griff in die Revers
Würgen von vorn mit beiden Händen

Hebehüftwurf
Beide Handgelenke sind gefaßt
Beidhändiger Griff in die Revers
Beidhändiger Stockschlag von oben

Seitenrad
Schwitzkasten von der Seite

Scherenwurf
Gerader Fauststoß
Würgen von der Seite mit beiden Händen

2. DAN-GRAD   Schwarzgurt

1. Vorkenntnisse
2. Erste Hilfe – Nachweis
3. Lehrbefähigungsnachweis
4. Abwehr von 3 frei angreifenden Gegnern
5. 16 Abwehrtechniken in Kombinationen vorführen.

Halbkreisfußtritt vorwärts

Gerader Fauststoß
Rückhandschlag
Schwinger
Fußtritt von vorn unten
Fußtritt von der Seite
Stockschlag von oben mit einer Hand
Stockschlag von außen
Beidhändiger Stockschlag von oben
Messerstich von oben
Messerstich von unten
Messerstich von außen
Messerstich von innen
Florettstich

Halbkreisfußtritt rückwärts

Gerader Fauststoß
Schwinger
Fußtritt vorwärts
Messerstich von innen
Florettstich

Handdrehgriff

Handfassen
Handgelenk fassen
Ärmel fassen
Beidhändiger Griff in die Revers
Griff zur Krawatte und Schlag
Kragenfassen von hinten
Griff in die Haare von vorn

Griff in die Haare von hinten
Schwitzkasten von vorn
Schwitzkasten von der Seite
Würgen von vorn mit einer Hand und Schlag
Würgen von vorn mit beiden Händen
Würgen von hinten mit beiden Händen
Würgen am Boden (Gegner zwischen den Beinen)
Würgen am Boden (Gegner von hinten)
Ohrfeige
Gerader Fauststoß
Aufwärtshaken
Rückhandschlag
Schwinger
Stockschlag von oben mit einer Hand
Stockschlag von innen
Stockschlag von außen

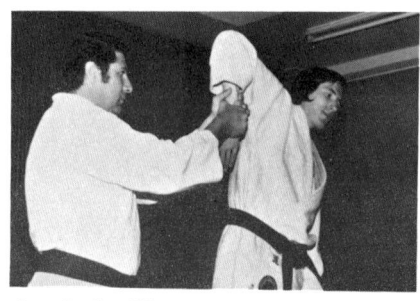

Armdrehgriff

Handfassen
Handgelenk fassen
Ärmel fassen
Beidhändiger Griff in die Revers
Griff zur Krawatte und Schlag
Kragenfassen von hinten
Griff in die Haare von vorn
Griff in die Haare von hinten
Schwitzkasten von vorn
Schwitzkasten von der Seite
Würgen von vorn mit einer Hand und Schlag

Würgen von vorn mit beiden Händen
Würgen von hinten mit beiden Händen
Ohrfeige
Gerader Fauststoß
Aufwärtshaken
Rückhandschlag
Schwinger
Stockschlag von oben mit einer Hand
Stockschlag von innen
Pistolenangriff von vorn (Gegner dicht am Körper)

Armbrecher
Handfassen
Handgelenk fassen
Ohrfeige
Gerader Fauststoß
Rückhandschlag
Stockschlag von oben mit einer Hand
Stockschlag von innen
Messerstich von oben
Messerstich von unten
Messerstich von innen
Florettstich
Pistolenangriff von vorn (Gegner dicht am Körper)

Beinhalsschere

Würgen am Boden (Gegner von der Seite)
Würgen am Boden (Gegner zwischen den Beinen)

Beinrückzug

Fußtritt von vorn unten
Fußtritt von der Seite

Beinriß
Fußtritt vorwärts
Fußtritt seitwärts

Rückriß

Fußtritt von vorn unten
Fußtritt von der Seite
Stockschlag von oben mit einer Hand
Stockschlag von innen
Gerader Fauststoß
Rückhandschlag
Florettstich

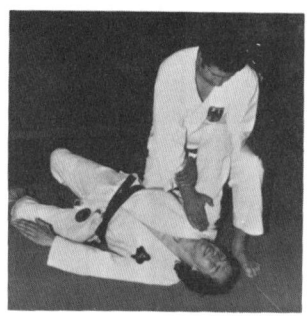

Armriegel von innen

Ärmel fassen
Beidhändiger Griff in die Revers
Kragenfassen von hinten
Würgen von vorn mit einer Hand und Schlag
Würgen von vorn mit beiden Händen
Würgen von der Seite mit beiden Händen
Würgen am Boden (Gegner im Reitsitz)
Würgen am Boden (Gegner zwischen den Beinen)
Ohrfeige

Genickbeugehebel
Griffansatz zur unteren Körperhälfte
Schwitzkasten von der Seite

Würgen am Boden (Gegner zwischen den Beinen)
Kopfstoß zum Magen
Messerstich von innen
Messerstich von unten
Stockschlag von oben mit einer Hand
Stockschlag von innen

Kleine Außensichel

Gerader Fauststoß
Rückhandschlag
Stockschlag von innen
Messerstich von innen

Talfallzug

Schwitzkasten von der Seite

Körperwurf

Beidhändiger Griff in die Revers
Würgen von vorn mit beiden Händen
Würgen von hinten mit beiden Händen
Stockschlag von außen

Schwertwurf

Handfassen
Handgelenk fassen
Ohrfeige
Schwinger
Stockschlag von oben mit einer Hand
Stockschlag von außen
Pistolenangriff von vorn (Gegner dicht am Körper)

Schleuderwurf

Handgelenk fassen
Würgen mit dem Unterarm
Rückhandschlag
Gerader Fauststoß
Ohrfeige
Schwinger
Stockschlag von oben mit einer Hand
Stockschlag von außen

3. DAN-GRAD Schwarzgurt

1. Vorkenntnisse
2. 10 Gegentechniken
3. 10 Weiterführungstechniken
4. Abwehr von vier frei angreifenden Gegnern
5. Erste Hilfe-Nachweis
6. Lehrbefähigungsnachweis

4. DAN-GRAD   Schwarzgurt

1. Vorkenntnisse
2. 20 Gegentechniken
3. 10 Abwehrtechniken mit Stock
4. 15 Weiterführungstechniken
5. Goshin-Jitsu-no-Kata
6. Abwehr von vier frei angreifenden Gegnern
7. Erste Hilfe-Nachweis
8. Ju-Jutsu **F** Lizenz

5. DAN-GRAD   Schwarzgurt

1. Vorkenntnisse
2. 30 Gegentechniken
3. 20 Abwehrtechniken mit Stock
4. 20 Weiterführungstechniken
5. Kime-no-Kata
6. Abwehr von vier frei angreifenden Gegnern
7. Erste Hilfe-Nachweis
8. Ju-Jutsu **F** Lizenz

Prüfungsordnung für Ju Jutsu-Kyu- und -Dan-Grade

1. Die Prüfungsordnung ist Bestandteil der Ausbildungsrichtlinien. Für Frauen gilt die gleiche Prüfungsordnung.
2. Die Prüfungen im Ju Jutsu richten sich nach der gültigen Verfahrensordnung für Ju Jutsu Kyu- und Dan-Grade. Das Ausbildungsprogramm ist optimal anzustreben und führt dazu, daß die wenigen Grundtechniken gegen alle möglichen Angriffe erlernt werden. Bei Anwendung in der Praxis ist der Notwehrparagraph zu beachten. Das jeweilige Prüfungsprogramm ist schulmäßig vorzuführen.
3. Der Prüfling kann zu den abgefragten Abwehrtechniken die Angriffe des Partners selbst bestimmen. Bei jeder Prüfung sind die Kenntnisse der vorangegangenen Grade durch Stichproben zu überprüfen und in der dafür vorgesehenen Spalte „Vorkenntnisse" in der Prüfungsliste zu bewerten. Bei der Überprüfung der Vorkenntnisse sind zu jedem vorangegangenen Grad mindestens zwei Grundtechniken gegen mindestens 2 (maximal 5) Angriffe vom Prüfling zu verlangen.
4. Fallübungen ab 4. Kyu sollen auch über Hindernisse (Bock, 40–50 cm hoch) oder eine das Hindernis bildende Person ausgeführt werden.
5. Im Prüfungsfach „Grundtechniken" sollen für 5. und 4. Kyu alle Grundtechniken gegen je 2 Angriffe, die der Verteidiger frei wählen kann, gezeigt werden. Ab 3. Kyu sollen alle Grundtechniken gegen je 1 Angriff, den der Verteidiger frei wählen kann, gezeigt werden. Nach dem Vielfältigkeitsprinzip soll jedoch je 1 Atemi-, 1 Wurf, 1 Hebel- und eine (beliebige) sonstige Technik gegen mehrere verschiedene Angriffe, die der Verteidiger frei wählen kann, gezeigt werden. Alle Techniken sollen links und rechts beherrscht und ausgeführt werden, sie sind in Kombinationen vorzuführen. Bei allen Angriffen mit einer Waffe ist diese dem Angreifer abzunehmen und nach Möglichkeit sicherzustellen.
Für den 3. bis 5. Dan-Grad werden zur Bewertung der Grundtechniken die gezeigten Leistungen des Prüfungsfaches „Kombinationen" und freie Abwehr herangezogen.
6. Ab 3. Kyu ist das Prüfungsfach „Freie Abwehr angesagter Angriffe mit Abnehmen von Waffen" von der Prüfungskommission nach freier Wahl abzufragen, wobei ein Partnerwechsel erfolgen muß, um so die gezeigten Selbstverteidigungstechniken realistisch bewerten zu können.

Auf flüssige Bewegungen, exakte Ausführung der Techniken sowie richtige Schwerpunktverlagerung des Körpers bei allen Aktionen ist zu achten. Bei allen Hebel- und Wurftechniken ist das Gleichgewicht des Angreifers sichtbar zu stören und das eigene Gleichgewicht mit guter Körperkontrolle zu wahren. Schlag- und Stoß- sowie Trittechniken (Atemi) sind genau zu plazieren, kraftvoll auszuführen (Schockeffekt), aber unbedingt kurz vor dem Körper des Angreifers abzustoppen.

Da ein Angreifer im Ernstfall kraftvoll zuschlägt oder zufaßt, ist diesem Umstand grundsätzlich dadurch zu entsprechen, daß

    a) Schlägen, Stößen und Tritten entweder auszuweichen ist oder diese abzublocken sind, bevor eine Technik (Hebel, Atemi, Würgetechnik oder Wurf) angewandt wird,

    b) der Angriff durch einen Schock gestört wird, damit die nachfolgende Abwehr weitgehend mühelos gelingen kann. Schockwirkungen erzielt man z.B. durch Anpusten, Anspucken, Anschreien, Handklatschen, Atemi oder auch durch das Werfen von Gegenständen.

7. Abwehr frei angreifender Gegner

Der Prüfling hat nachzuweisen, daß er im Ernstfall in der Lage ist, mindestens zwei Angreifer rationell und wirkungsvoll abzuwehren. Hier ist der wahre Wert des Ju Jutsu als Selbstverteidigung zu beweisen. Zu bewerten sind: angriffsgerechtes Verhalten, Übersicht, Raumeinteilung, Reaktion, erfolgreiche Abwehr echter Angriffe durch erkennbare Wirkungsmöglichkeiten von Ju Jutsu-Techniken. Atemi sind gegen gefährdete Punkte am Körper zu richten und abzustoppen, Hebel sind kontrolliert anzusetzen und auf Abklopfen sofort zu lösen. Würfe sind kontrolliert auszuführen.

Als Fehler zählen: eigene Gefährdung, d.h., wenn der Verteidiger durch Schlag, Tritt oder Stich entscheidend getroffen wird oder sich aus einem Würge-, Halte-, Klammer- oder Scherengriff nicht schnell genug befreien kann.

Anzahl der Angreifer:

bei 3. Kyu: 1	bei 1. Dan: 2
bei 2. Kyu: 1	bei 2. Dan: 3
bei 1. Kyu: 1	ab 3. Dan: 4

Die Angriffe sind so lange fortzusetzen, bis die Angreifer nacheinander mit überzeugenden Verteidigungshandlungen des Prüflings abgewehrt sind. Die Prüfungskommission fungiert hierbei als Kampfgericht und scheidet die Angreifer aus. Sind die Angreifer ausgeschieden, formiert sich die Gruppe sofort zum nächsten Gang. Dies wiederholt sich insgesamt

3 bis 6 Minuten. Die Angriffe sind zeitweise so zu gestalten, daß 2 Angreifer zur gleichen Zeit den Verteidiger bedrängen. Es ist wie folgt zu bewerten:
6 = fehlerfreies Verteidigen bei gutem Gesamteindruck
5 = ein Fehler bei gutem Gesamteindruck
4 = bis 2 Fehler
3 = bis 3 Fehler
2 = 4 und mehr Fehler.
Bei Abwehr frei angreifender Gegner können Kampfwesten getragen werden.

8. **Kombinationen** – sinnvolle Zusammenfügung von Ju-Jutsu-Techniken.

    Das Prüfungsfach „Kombinationen" ist nach den in Kombinationen vorgeführten Grund- und Wahltechniken zu bewerten. Aus den Kombinationen muß zu erkennen sein, daß der Prüfling die vorgeschriebenen Techniken gut beherrscht sowie wechselreich sinn- und wirkungsvoll zu verbinden und anzuwenden versteht. Die Reihenfolge der Kombinationen sowie der Angriffsarten sind vom Prüfling selbst zu bestimmen.

    Einfache Kombinationen ergeben sich grundsätzlich bei der Vorführung der Grundtechniken aus der Beachtung des obigen Absatzes. Zu bewerten sind folgende Kombinationsmöglichkeiten:

    a) ohne Kontakt
    1. Ausweichen, Atemi, Hebel
    2. Wurf und Atemi
    3. Wurf und Hebel
    4. beliebige Technik und Transportgriff

    b) mit Kontakt
    1. Atemi, Wurf, Atemi
    2. Wurf und Atemi
    3. Wurf und Hebel
    4. beliebige Technik und Transportgriff

9. **Weiterführungstechniken** – Fortführung von Techniken unter Berücksichtigung des Widerstandes bzw. der Gegenbewegung des Angreifers.

10. **Gegentechniken** – Abwehr einer Ju-Jutsu-Technik soweit sie nicht als Angriffsart im Ausbildungsprogramm enthalten ist. Für Punkt 9. und 10. gilt das unter „Kombinationen" gesagte sinngemäß.

11. **Abwehr mit Stock** – Hier ist die Möglichkeit zu zeigen, einem angreifenden Gegner den Stock abzunehmen und ihn zur eigenen Verteidigung einzusetzen. Demonstriert wird mit kurzem oder langem Stock, eventuell Spazierstock oder Schirm.

12. In der Kata müssen die verschiedenen Arten von Angriff und Verteidigung meisterlich dargeboten werden. Neben der Einzeltechnik sind Haltung, Form, Ausdruck, Kiai und Gesamteindruck wie folgt zu bewerten:

6 = fehlerfrei bei hervorragendem Gesamteindruck
5 = kleine Mängel bei gutem Gesamteindruck
4 = befriedigender Gesamteindruck
3 = Vortrag mit groben Mängeln
2 = ungenügender Vortrag

Auf Verlangen kann der Prüfling die Kata ein zweites Mal vorführen. Die erste Bewertung wird dadurch hinfällig.

13. Die Bestimmungen über Notwehr sind auf Landeslehrgängen zu lehren. Sie sind nicht zu prüfen, sondern werden bei Anwärtern für eine Dan-Prüfung als bekannt vorausgesetzt.
14. Der Prüfling muß seinen Partner unter den Prüfungsteilnehmern wählen. Bei notwendigen Ausnahmen entscheidet die Prüfungskommission. Für die Prüfungsfächer: Kata, Gegentechniken, Weiterführungstechniken und Abwehr mit Stock braucht der Partner kein Prüfungsteilnehmer sein.
15. Verletzt ein Prüfungsteilnehmer einen Partner durch alleiniges Verschulden, wird er von der weiteren Prüfung ausgeschlossen.

gez. Kühnel   gez. Gresch

Beitrags- und Gebührenordnung

1. Beiträge

1.1 Aufnahmebeitrag
(1) Gemäß § 4 der Satzung des DDK wird für die Aufnahme in das DDK ein Beitrag erhoben. Die Höhe bestimmt der Deutsche Dan-Tag.

(2) Der Aufnahmebeitrag beläuft sich auf DM 25,-.

1.2 Mitgliedsbeitrag
(1) Gemäß § 4 der Satzung hat jedes Mitglied einen Jahresbeitrag zu leisten. Die Höhe bestimmt der Deutsche Dan-Tag.

(2) Der Jahresbeitrag beläuft sich auf DM 15,-.

2. Gebühren

2.1 Prüfungsgebühren
(1) Jede Landes- oder Fachgruppe im DDK ist verpflichtet, bei Prüfungen eine Gebühr in der festgesetzten Höhe zu erheben und den festgesetzten Anteil an den Schatzmeister des DDK zu entrichten. Die Gebühr wird durch eine Prüfungsmarke, die zentral beschafft und verwaltet wird, im DJB-Paß oder auf der Urkunde des DDK quittiert. Prüfungsmarken werden dem Ausrichter bei Vorkasse zur Verfügung gestellt.

(2) Bei Kyu-Prüfungen im Judo beträgt die Gebühr pro Prüfling DM 6.-, bei Aikido, Kendo und Kyudo DM 8,-, in den übrigen Budo-Sportarten (Kup oder Kyu) DM 6,-. Prüfungsurkunden können zusätzlich zum Preis von DM 1,50 dem Prüfling berechnet werden.

(3) Bei Dan-Prüfungen beträgt die Gebühr pro Prüfling für Mitglieder des DDK DM 50,-. Nichtmitglieder zahlen die doppelte Gebühr von DM 100,- (zwei Marken). Wird in Verbindung mit der Dan-Prüfung die Aufnahme in das DDK beantragt, beträgt die Prüfungsgebühr DM 50,-. Der Aufnahmebeitrag wird zusätzlich erhoben. Dan-Urkunden werden dem Prüfling nicht besonders berechnet.

(4) Die Anteile des Schatzmeisters (DDK) betragen bei Kyu-Prüfungen im Judo DM 2,-, bei Kup- oder Kyu-

Prüfungen in den übrigen Budo-Sportarten DM 1,50 und bei Dan-Prüfungen DM 10,- pro ausgegebener Prüfungsmarke.

Die Aufteilung der Anteile aus den Prüfungsgebühren zwischen den Bundes- und Fachgruppen wird auf deren Bundesversammlungen festgelegt.

2.2 Bearbeitungsgebühren

(1) Für die Bearbeitung eines Antrags auf Anerkennung eines Dan-Grades wird eine Gebühr erhoben. Sie ist an den Schatzmeister des DDK zu entrichten. Urkunden werden nicht besonders berechnet.

(2) Die Bearbeitungsgebühr beträgt DM 50,-.

2.3 Mahngebühren

(1) Soweit Zahlungen an das DDK nicht fristgemäß erfolgen, trägt der Zahlungspflichtige gegebenenfalls die Mahngebühren.

(2) Die Mahngebühren für den Jahresbeitrag durch die EDV betragen z.Z. DM 2,00.

3. Kostenumlage

(1) Die bei einer Kyu-Prüfung entstehenden Kosten (Raumkosten, Spesen und Aufwand der Prüfer usw.) trägt der Ausrichter, der sie in Form einer Umlage von den Prüflingen zusätzlich zu den Prüfungsgebühren erheben kann. Dabei darf er nur die Kosten anteilmäßig erheben, die tatsächlich entstanden sind.

(2) Die Umlage nach Ziffer 3 (1) soll DM 6,- pro Prüfling nicht überschreiten. Der Ausrichter kann deshalb eine Mindestzahl von Prüfungsanwärtern vorsehen. Bei der Auswahl der Prüfer ist darauf zu achten, daß die Kosten niedrig gehalten werden.

(3) Bei Dan-Prüfungen trägt der Veranstalter die bei der Prüfung entstehenden Kosten aus dem ihm dazu verbleibenden Anteil von den Prüfungsgebühren.

(4) Bei (Lehr-) Veranstaltungen des DDK sollen möglichst keine Teilnehmergebühren und -umlagen erhoben werden. Sie dürfen grundsätzlich nur zur Abdeckung der Veranstaltungskosten erhoben werden. Kann auf sie nicht verzichtet werden, ist der Veranstalter verpflichtet, innerhalb des laufenden Kalendervierteljahres dem Schatzmei-

ster des DDK abzurechnen unter Angabe von Bruttoeinnahmen und Bruttoausgaben unter Hinzufügung der Belege, gegebenfalls in Form von Kopien.

4. Allgemeine Rechtsausschußkosten

(1) Gemäß § 27 der Rechtsordnung des DDK darf ein erstinstanzliches oder Einspruchsverfahren nur durchgeführt werden, wenn die allgemeine Kostenpauschale und ein entsprechender Kostenvorschuß beim Schatzmeister des DDK eingegangen sind.

(2) Die allgemeine Kostenpauschale beläuft sich auf DM 100,-.
Diese verfällt, wenn das Verfahren weder mit einer Entscheidung noch mit einem Beschluß beendet wird.

(3) Der Kostenvorschuß bei einem schriftlichen Verfahren beträgt neben der allgemeinen Kostenpauschale DM 200,-.

(4) Der Kostenvorschuß bei einem mündlichen Verfahren beträgt neben der allgemeinen Kostenpauschale DM 800,-.

5. Materialkosten

Die Kosten für den Verkauf von Material gehen aus der jeweils gültigen Preisliste hervor. Sie ist Bestandteil dieser Ordnung. Die einzelnen Preise werden auf Vorschlag des Schatzmeisters vom Vorstand des DDK festgesetzt.

Allgemeine Verfahrensordnung für Kyu-Grade

1. Im Wirkungsbereich des Deutschen Judobundes e.V. erfolgt die Zuerkennung von Kyu-Graden unter Aufsicht des Deutschen Dan-Kollegiums e.V.
2. Das DDK vergibt Kyu-Grade in folgenden Gürtelfarben:
   6.Kyu   5.Kyu   4.Kyu   3.Kyu   2.Kyu   1.Kyu
   weiß   gelb   orange grün   blau   braun

   Die Vergabe erfolgt auf Grund von Prüfung, Meisterschaftserfolg oder Anerkennung.
3. Die Vergabe ist nur gültig, wenn diese Allgemeine Verfahrensordnung für Kyu-Grade, sowie die betreffende sportspezifische Verfahrens- und Prüfungsordnung des DDK eingehalten werden. Der in der jeweiligen Prüfungsordnung festgelegte Prüfungsstoff ist verbindlich.
4. Der erworbene Gürtel ist bei allen sportlichen Anlässen zu tragen. Betreibt ein Budoka mehrere Sportarten, trägt er jeweils nur den in der betreffenden Sportart erworbenen Gürtel, wobei das offizielle Unterscheidungszeichen angebracht werden kann. Das Recht zum Tragen des neuen Gürtels beginnt **nach** Erhalt der betreffenden Urkunde, bzw. **nach** vom DDK bestätigter Eintragung in den Budo-Paß.
5. Der Vorsitzende der zuständigen Landes- oder Fachgruppe sowie der Vorsitzende der betreffenden Bundeskommission sind berechtigt, die Einhaltung der Verfahrens- und Prüfungsordnung zu überwachen oder durch Beauftragte überwachen zu lassen.

   Bei Verstößen oder arglistiger Täuschung können Kyu-Grade oder durchgeführte Prüfungen vom Vorsitzenden der zuständigen Landes- oder Fachgruppe oder der betreffenden Bundeskommission für ungültig erklärt werden.

Vergabe durch Prüfung

6. Die Durchführung von Kyu-Prüfungen erfolgt durch die Landes- oder Fachgruppen; soweit solche nicht vorhanden sind, durch die betreffende Bundeskommission.

   Die Landes- oder Fachgruppe wählt einen Beauftragten des DDK für das Kyu-Prüfungswesen, der in größeren Landesgruppen Beauftragte des DDK für örtliche Zuständigkeitsbereiche (Bezirk/Kreis) oder für Sonderaufgaben beruft, soweit diese nicht gewählt werden. Diese Beauftragten des DDK für das Kyu-Prüfungswesen haben die ordnungsgemäße Durchführung der Prüfungen und die Einhaltung der Verfahrungsordnungen sicherzustellen.

7. Kyu-Prüfungen werden von den Vereinen ausgerichtet. Sie sind verpflichtet, dem zuständigen Beauftragten des DDK für das Kyu-Prüfungswesen mindestens 3 Wochen vor dem Prüfungstermin schriftlich mitzuteilen:

    a) Prüfungsort
    b) Prüfungsdatum und Uhrzeit
    c) Voraussichtliche Anzahl der Prüflinge
    d) Angestrebte Grade

    Es können zwei Prüfer und ein Ersatzprüfer vorgeschlagen werden.

8. Der zuständige Beauftragte des DDK für das Kyu-Prüfungswesen genehmigt die Durchführung der Prüfung und bestätigt die vom Ausrichter vorgeschlagenen Prüfer oder setzt andere Prüfer ein.

    Will ein Prüfling eine Prüfung außerhalb seines zuständigen Bereichs ablegen, so gilt außer, wenn von der Landes- oder Fachgruppe bzw. der Bundeskommission zentrale Prüfungen veranstaltet werden, folgende Regelung:

    a) Außerhalb seines Vereins ist die schriftliche Zustimmung des Vereins erforderlich.
    b) Außerhalb des zuständigen Kreises oder Bezirks ist die schriftliche Zustimmung des Vereins und des Kreis- bzw. Bezirks-Beauftragten des DDK für das Kyu-Prüfungswesen erforderlich.
    c) Außerhalb der zuständigen Landesgruppe sind die Zustimmungen nach b) und die schriftliche Zustimmung des Vorsitzenden der zuständigen Landesgruppe erforderlich.

9. Ausrichter und Prüfungskommission haben dafür zu sorgen, daß Kyu-Prüfungen in einem zweckentsprechenden, würdigen Rahmen erfolgen. Belehrungen des Prüflings in Unterrichtsform sollen während der Prüfung unterbleiben. Die Prüfer sind für die ordnungsgemäße Durchführung der Prüfung verantwortlich.

    Bei der Prüfung sind **nur** die vom DDK herausgegebenen Prüfungslisten, Urkunden und sonstigen Formulare zu verwenden. Für jeden Prüfer ist eine ausgefüllte Prüfungsliste zu erstellen. Soweit von den Prüfungsteilnehmern Urkunden neben dem Eintrag in den Budo-Paß gewünscht werden, wird empfohlen, diese vorbereitend auszufüllen, damit eine Unterzeichnung durch die Prüfer am Prüfungsort möglich ist.

10. Prüfen kann nur, wer:
    a) Seine Mitgliedschaft in DJB und DDK durch gültigen DJB-Paß und gültigen DDK-Mitgliedsausweis nachweist.
    b) Von der zuständigen Landes- oder Fachgruppe bzw. deren Beauftragten des DDK für das Kyu-Prüfungswesen oder der zuständigen Bundeskommission beauftragt wurde.
    c) Aktiv in der Landes-, Fach- oder Bundesgruppe des DDK mitarbeitet.
    d) Eine genaue Kenntnis der geforderten Prüfungsinhalte sowie der Ordnungen des DDK besitzt und im laufenden oder Vorjahr an einem Prüferlehrgang des DDK teilgenommen hat.
    e) Volljährig ist.

11. Graduiert werden kann nur, wer:
    a) Am Tag der Prüfung einen gültigen Budo-Paß (mit aktueller Jahressichtmarke) vorlegt (Ausnahmen vgl. Ziffer 16).
    b) Die zuletzt abgelegte Prüfung nachweist (bestätigte Eintragung im Budo-Paß oder bestätigte Urkunde).
    c) Die Voraussetzungen der betreffenden sportspezifischen Verfahrensordnung erfüllt.
    d) Während der Vorbereitungszeit regelmäßig trainiert hat.

12. Die gezeigten Leistungen werden in der Prüfungsliste wie folgt bewertet:
    1 Punkt für ungenügende Leistungen
    2 Punkte für mangelhafte Leistungen
    3 Punkte für kaum ausreichende Leistungen
    4 Punkte für befriedigende Leistungen
    5 Punkte für gute Leistungen
    6 Punkte für sehr gute Leistungen

Die Prüfer haben die gezeigten Leistungen **unabhängig** voneinander zu bewerten und in ihrer Liste durch Unterschrift zu bestätigen. Nachträgliche Korrekturen sind nicht gestattet.

Nach Beendigung der Kyu-Prüfung vergleichen die Prüfer die Ergebnisse der einzelnen Listen und stellen anhand des Gesamtergebnisses für jeden Teilnehmer fest, ob dieser bestanden hat. Ein Prüfling hat bestanden, wenn er zwei Drittel der höchstmöglichen Gesamtpunktzahl aller Prüfer erreicht hat.

Hat ein Prüfling nicht bestanden, kann er sich frühestens nach einer Vorbereitungszeit von 6 Wochen erneut zur Prüfung stellen.

13. Die Prüfer sind berechtigt, durch Stichproben festzustellen, ob der Prüfling die Kenntnisse des Grades, den er innehat, besitzt, und können auf Prüfungsinhalte zuvor absolvierter Kyu-Prüfungen zurückgreifen.

    Die Prüfer sind berechtigt, die Prüfung in den Fächern zu verkürzen, in denen der Prüfling durch seine Leistung eine Fortführung entbehrlich erscheinen läßt.

    Die Prüfer sind berechtigt, die Partner des Prüflings zu bestimmen. Das Überspringen von Kyu-Graden ist nicht gestattet.

Vergabe bei Meisterschaftserfolg

14. Die Vergabe von Kyu-Graden aufgrund von Meisterschaftserfolg wird in der betreffenden sportspezifischen Verfahrensordnung geregelt.

Vergabe durch Anerkennung

15. Hat ein Budoka von verbandsfremder Seite einen Kyu-Grad erworben, ist dessen Anerkennung durch das DDK möglich, wenn er inzwischen Mitglied eines dem DJB angeschlossenen Vereins wurde.

    Die Anerkennung des erworbenen Kyu-Grades erfolgt in der zuständigen Landes- oder Fachgruppe, wenn sich der Budoka einer Prüfung zum nächsthöheren Kyu-Grad unterzieht. Besteht der Prüfling, gelten die früher von verbandsfremder Seite erworbenen Kyu-Grade als anerkannt. Besteht der Budoka diese Prüfung nicht, wird ihm der Kyu-Grad, der seinen Leistungen entspricht, zuerkannt. Für die nächste Prüfung gilt die vorgeschriebene Vorbereitungszeit.

16. Schüler an allgemein- und berufsbildenden Schulen sowie Teilnehmer an Arbeitsgemeinschaften in denselben, Angehörige der Bundeswehr, der Polizei, des Bundesgrenzschutzes und ähnlicher öffentlicher Institutionen sowie der Universitäten benötigen keinen Budo-Paß. Die-

se Institutionen haben die Möglichkeit, bei dem zuständigen Beauftragten des DDK für das Kyu-Prüfungswesen eine Prüfungsabnahme zu beantragen. Die Nominierung der Prüfer erfolgt durch den zuständigen Beauftragen des DDK für das Kyu-Prüfungswesen. Jede Graduierung wird auf einer Urkunde des DDK vom zuständigen Beautragten des DDK für das Kyu-Prüfungswesen nach Überprüfung der eingesandten Unterlagen mit Stempel und Unterschrift bestätigt.

Werden bei den Institutionen Bundeswehr, Polizei, Bundesgrenzschutz und ähnlichen öffentlichen Institutionen Budokurse im Rahmen des Dienstbetriebs von mindestens 50 Unterrichtsstunden Dauer durchgeführt, ist dies gleichbedeutend mit einer Vorbereitungszeit von 6 Monaten. Die nächste Prüfung kann jedoch frühestens nach Ablauf von 6 Monaten erfolgen, d.h. zwischen den beiden Prüfungen muß ein zeitlicher Abstand von mindestens 6 Monaten liegen, unabhängig davon, ob der Prüfling die Vorbereitungszeit gemäß Ziffer 11 d (6 Monate regelmäßig trainieren) oder Ziffer 16, 2. Absatz (50-stündiger Budokurs bei Polizei o.ä.) genutzt hat.

17. Alle Kyu-Prüfungen sind durch eine Prüfungsmarke des DDK im Budo-Paß zu bestätigen. In den Fällen nach Ziffer 16 dieser Verfahrensordnung ist die Prüfungsmarke des DDK auf der Urkunde aufzukleben.

18. Ausnahmen von dieser und den sportspezifischen Verfahrensordnungen bedürfen des Beschlusses der betreffenden Bundeskommission und der Bestätigung durch den Vorstand des DDK. Der Beschluß muß mit schriftlicher Begründung eingereicht werden.

Verfahrensordnung für Ju Jutsu-Kyu-Grade (VO2K)

1. Alle nicht in dieser Ordnung aufgeführten Bestimmungen sind in der Satzung des DDK und in folgenden Ordnungen nachzulesen:
   a) Allgemeine Verfahrensordnung für Kyu-Grade
   b) Beitrags- und Gebührenordnung
   c) Spesenordnung des DDK
2. Die Vergabe von Kyu-Graden wird durch die Landessachbearbeiter für das Prüfungswesen überwacht. Bei größeren Fachgruppen können diese Aufgaben an Kreis- bzw. Bezirks-Sachbearbeiter delegiert werden.
3. Prüfen kann nur, wer eine gültige Prüferlizenz hat.
   Die Prüferlizenz wird von dem zuständigen Sachbearbeiter für das Prüfungswesen erteilt, gilt für 2 Kalenderjahre und wird in Budopaß oder Lehrgangskarte eingetragen. Sie kann jederzeit entzogen werden, wenn eine der Voraussetzungen nicht mehr erfüllt wird. Hierüber entscheidet der zuständige Sachbearbeiter, im Berufungsfall der Bundessachbearbeiter für das Prüfungswesen.
   Voraussetzung für die Erteilung der Prüferlizenz ist:
   a) Beachtung der Ziffer 10 AVO Kyu-Grade.
   b) Aktive Ausübung von Ju-Jutsu.
   c) Besuch eines Prüferlizenzlehrganges, der sich in einen technischen und einen theoretischen Teil gliedert und mit einer schriftlichen Prüfung abschließt. Lehrgangsleiter eines Prüferlizenzlehrganges kann nur sein, wer eine entsprechende Arbeitstagung der Bundesgruppe besucht hat und von seinem Landessachbearbeiter dazu beauftragt wurde.
   d) Die genaue Kenntnis der geforderten Prüfungsinhalte sowie der Ordnungen des DDK werden durch eine schriftliche Prüfung festgestellt.
4. a) Eine Prüfungskommission darf nicht mehr als 20 Teilnehmer an einem Tag prüfen.
   b) Der 5. und 4. Kyu-Grad kann von einem Prüfer alleine geprüft werden. Ab 3. Kyu-Grad sind 2 Prüfer erforderlich, wovon einer einem fremden Verein angehören muß. Der 1. Kyu-Grad kann auf Bezirksebene geprüft werden. Dies liegt im Ermessen der Fachgruppe.
   c) Die erste Kyu-Prüfung erstreckt sich auf das Programm des 5. Kyu-Grades. Vor der ersten und zwi-

schen allen weiteren Graduierungen muß eine Vorbereitungszeit von mindestens sechs Monaten liegen.
Hat ein Prüfling **in jedem Fach** mindestens die Note 5 erreicht, kann er sich einer weiteren Prüfung zum nächsthöheren Kyu-Grad am gleichen Prüfungstermin stellen. Es ist dann für jede Prüfung die volle Prüfungsgebühr zu entrichten.

5. Erreicht ein Prüfling in einem Fach nur die Punktzahl 2, bei „Vorkenntnissen" die Punktzahl 3, so ist für diesen die Prüfung abzubrechen. Bei mehreren Prüfern ist die Mehrzahl der Prüfer, bzw. die Quersumme in dem Einzelfach entscheidend. Dezimale sind ab- bzw. aufzurunden.
6. Die Entwertung der Prüfungsmarke wird durch die Unterschrift des Prüfungskommissions-Vorsitzenden oder Sachbearbeiters für das Prüfungswesen vorgenommen. Wurde die Prüfungsmarke in den Fällen nach Ziffer 16 der AVO für Kyu-Grade auf die Urkunde geklebt, kann der zuständige Sachbearbeiter für das Prüfungswesen die Prüfung nachträglich durch Stempel und Unterschrift im Budo-Paß bestätigen.
Eine Eintragung oder Urkunde ohne gültige Prüfungsmarke bzw. Unterschrift des zuständigen Sachbearbeiters wird nicht anerkannt.
7. Eine Ausfertigung der Prüfungsliste wird dem zuständigen Sachbearbeiter zur Aufbewahrung zugesandt.

8. a) Die Prüfungsmarken werden nur an lizenzierte Danträger auf Anforderung ausgegeben. Erst nachdem er den Gegenwert (Restposten ausgeschlossen) überwiesen hat, werden ihm weitere Marken zur Verfügung gestellt. Am Jahresende (bis 15. Januar) müssen alle Marken abgerechnet bzw. zurückgeschickt sein, erst dann erhält der Prüfungsberechtigte neue Marken für das folgende Kalenderjahr.

   b) Bis spätestens zwei Wochen nach jeder Prüfung müssen die Gebühren abgerechnet werden. Für Prüflinge, die nicht bestanden haben, wird die Prüfungsmarke hinter den Namen in die einzusendende Prüfungsliste geklebt. Die Gelder werden dem zuständigen Kassenwart überwiesen. Der Sachbearbeier für das Prüfungswesen erhält eine Liste und das Abrechnungsformular.

   c) Die Abrechnung der Fachgruppen mit dem Kassenwart der Bundesgruppe hat vierteljährlich zu erfolgen. Der Kassenwart erhält eine Abrechnungsliste

        die Datum, Ort, Ausrichter und Anzahl der Prüflinge im Quartalszeitraum enthält.
    d) Alle Kosten und Gebühren sind vom Prüfling **vor** der Prüfung zu entrichten.
9. Diese Verfahrensordnung tritt am 1. Januar 1979 in Kraft. Alle Graduierungen ab diesem Datum müssen dieser Ordnung entsprechen.

                Deutsches Dan-Kollegium e.V.
                 — Bundesgruppe Ju Jutsu —

gez. Kühnel   gez. Gresch
Vorsitzender   Bundessachbearbeiter f. d. Prüfungswesen

Spesenordnung

1. Ein Antrag auf Spesen (vollständig ausgefülltes Formblatt) setzt eine genehmigte spesenbegünstigte Tätigkeit (Teilnahme an Sitzungen und Veranstaltungen für das DDK, Dienstreise, Lehr- oder Prüfertätigkeit usw.) für das DDK voraus.
2. Die Benutzung
   — der 1. Wagenklasse bedarf der Genehmigung,
   — eines Flugzeugs — ausgenommen Flüge von und nach Berlin — bedarf der Einwilligung,
   — eines privaten Pkw bei Entfernungen über 200 km bedarf der Einwilligung durch den Anweisungsberechtigten der zahlenden Kasse.
3. Erstattet werden
   — die Kosten der zugelassenen, genehmigten bzw. bewilligten öffentlichen Verkehrsmittel,
   — bei Benutzung eines privaten Pkw bis -,42 DM pro gefahrenem km, wodurch alle Ansprüche gegenüber dem DDK abgegolten sind,
   — bei Mitnahme von spesenberechtigten Personen im privaten Pkw -,03 DM pro Mitfahrer und gefahrenem km,
   — Nebenkosten und sonstige Kosten — soweit zulässig — wenn sie belegt sind,
   — Tagegelder entsprechend dem Bundesreisekostengesetz (z.Z. bis 33,- DM pro Tag) bzw. entsprechend den von den Finanzämtern anerkannten Pauschalsätzen (z.Z. bis 39,- DM pro Tag),
   — Übernachtungskosten entweder pauschal entsprechend dem Bundesreisekostengesetz (z.Z. bis 33,- DM

pro Nacht) bzw. entsprechend den Bestimmungen der Finanzämter (z.Z. bis 39,- DM pro Nacht) oder gemäß vorgelegter Rechnung, wobei gegebenenfalls nach Abzug der Kosten für das Frühstück der eineinhalbfache Pauschalsatz nicht überschritten werden darf.

4. Bei Prüfungen erhält jeder Prüfer für jede volle Prüfungsstunde (60 Minuten) eine Aufwandsentschädigung von DM 10,- zusätzlich zu seinen Spesen gemäß Ziffer 3. Bei Lehrgängen erhält jeder Unterrichtende für jede volle Unterrichtsstunde (45 Minuten) eine Aufwandsentschädigung von DM 20,- zusätzlich zu seinen Spesen gemäß Ziffer 3. An einem Wochenende darf die Aufwandsentschädigung für den Lehrer maximal DM 200,- nicht überschreiten.

Bei Honorarvereinbarungen mit Nichtmitgliedern können abweichend von Absatz 1 Honorare entsprechend der Honorarordnung des DJB vergütet werden. Honorarverträge werden auf Antrag der Gruppen für diese zwischen dem Präsidenten bzw. Vizepräsidenten und dem Honorarempfänger geschlossen.

5. Es gelten die allgemeinen Grundsätze und Bestimmungen über Reisekosten (Reisekostengesetze, Steuerbestimmungen) analog. Alle Kosten und Honorare sind Bruttosätze (einschließlich evtl. anfallender Umsatzsteuer) und dürfen nicht überschritten werden. Der Vorstand des DDK kann durch Beschluß die einzelnen Sätze dieser Spesenordnung der Höhe nach den jeweiligen Bestimmungen über Reisekosten anpassen.

6. Abweichungen von dieser Spesenordnung bedürfen der Zustimmung des Vorstandes des DDK.

Allgemeine Verfahrensordnung für Dangrade

1. Im Wirkungsbereich des Deutschen Judobundes e.V. erfolgt die Zuerkennung von Dangraden des DDK unter Aufsicht des Deutschen Dan-Kollegiums e.V.
2. Die Vergabe erfolgt auf Grund von Prüfung, Meisterschaftserfolg, Verleihung oder Anerkennung.
3. Danprüfungen sind nur gültig, wenn diese allgemeine Verfahrensordnung für Dangrade sowie die sportspezifischen Verfahrens- und Prüfungsordnungen des DDK eingehalten werden. Der in der jeweiligen Prüfungsordnung festgelegte Prüfungsstoff ist verbindlich.

Die Prüfungsabnahme erfolgt im Bereich der zuständigen Landes- oder Fachgruppe. In Sonderfällen ist mit schriftli-

cher Genehmigung der Landes- oder Fachgruppe eine Teilnahme an einer Prüfung außerhalb der Landesgruppe zulässig.
4. Bei Verstößen oder arglistiger Täuschung können Dan-Grade oder durchgeführte Prüfungen von der zuständigen Bundeskommission für ungültig erklärt werden. Der Präsident des DDK und die zuständige Bundeskommission sind berechtigt, die Einhaltung der Verfahrens- und Prüfungsordnungen zu überwachen oder durch Beauftragte überwachen zu lassen.

Wer sich zur Prüfung anmeldet, und dann ohne triftigen Grund nicht teilnimmt, zahlt eine halbe Prüfungsgebühr als Aufwandentschädigung.

Vergabe durch Prüfung

5. Der Prüfungskommission müssen wenigstens drei prüfungsberechtigte Danträger angehören, die mindestens den vom Prüfungsteilnehmer angestrebten Dan-Grad innehaben. Aber nach Möglichkeit sollen die Prüfer wenigstens einen Dan-Grad höher graduiert sein, als die Prüfungsteilnehmer anstreben.

Eine Prüfungskommission bzw. jeder Prüfer darf nicht mehr als 12 Prüflinge an einem Tag prüfen. Ein Prüfling kann nicht am selben Tag Prüfer sein. Die Prüfer sind (außer bei den Kata) berechtigt, die Partner des Prüflings zu bestimmen.

6. Ausrichter und Prüfungskommission haben dafür zu sorgen, daß Danprüfungen in einem zweckentsprechenden, würdigen Rahmen erfolgen. Belehrungen des Prüflings in Unterrichtsform sollen während der Prüfung unterbleiben. Der Vorsitzende der Prüfungskommission ist für die ordnungsgemäße Durchführung der Prüfung verantwortlich.

7. Als Prüfer berechtigt ist, wer:
    a) Seine Mitgliedschaft in DJB und DDK durch gültigen, vorgelegten DJB-Paß und gültigen DDK-Mitgliedsausweis nachweist.
    Auf einstimmigen Beschluß der zuständigen Bundeskommission der betreffenden Sportart können ausländische Prüfer zugelassen werden.
    b) Vom Vorstand der zuständigen Landesgruppe oder von der zuständigen Bundeskommission des DDK beauftragt wurde.
    c) Aktiv in der Landes- oder Bundesgruppe des DDK mitarbeitet und ein objektives Urteilsvermögen besitzt.

- d) Eine genaue Kenntnis der geforderten Prüfungsinhalte sowie der Ordnungen des DDK besitzt.
- e) Mindestens ein Jahr Dan-Träger und volljährig ist.

8. Graduiert werden kann nur wer:
   - a) Am Tag der Prüfung einen gültigen Budo-Paß vorlegt; Ausländer können zugelassen werden, wenn die Zustimmung ihrer nationalen Sportorganisation vorliegt;
   - b) Die zuletzt abgelegte Prüfung nachweist;
   - c) Den Graduierungsantrag des DDK mit den erforderlichen Stellungnahmen und Eintragungen einreicht;
   - d) Das vorgeschriebende Mindestalter erreicht hat:
     - 3. Dan 21 Jahre
     - 4. Dan 25 Jahre
     - 5. Dan 30 Jahre;
   - e) Die Voraussetzungen der betreffenden sportspezifischen Verfahrensordnung erfüllt.

9. Die gezeigten Leistungen werden in der Prüfungsliste wie folgt bewertet:

   1 Punkt für ungenügende Leistungen
   2 Punkte für mangelhafte Leistungen
   3 Punkte für kaum ausreichende Leistungen
   4 Punkte für befriedigende Leistungen
   5 Punkte für gute Leistungen
   6 Punkte für sehr gute Leistungen.

   Die Prüfer haben die gezeigten Leistungen **unabhängig** voneinander zu bewerten und in ihrer Liste durch Unterschrift zu bestätigen. Nachträgliche Korrekturen sind nicht gestattet.

10. Nach Beendigung der Dan-Prüfung vergleicht der Vorsitzende der Prüfungskommission die Ergebnisse der einzelnen Prüfungslisten und stellt anhand des Gesamtergebnisses für jeden Teilnehmer fest, ob dieser bestanden hat.

    Ein Prüfling hat bestanden, wenn er zwei Drittel der höchstmöglichen Gesamtpunktzahl aller Prüfer erreicht hat.

    Hat ein Prüfling nicht bestanden, ist eine Wiederholung frühestens nach vier Monaten möglich.

    Nach der Prüfung ist deren Ergebnis bekanntzugeben. In einer Besprechung mit den Prüflingen sind gute Leistungen herauszustellen und eventuelle Mängel aufzuzeigen.

    Die Graduierung wird durch eine Urkunde des DDK bestätigt, die zentral beschafft und verwaltet wird.

Dangrade dürfen grundsätzlich nicht übersprungen werden.

11. Der erworbene Gürtel, der die Aufschrift DDK e.V. tragen darf, ist bei allen sportlichen Anlässen zu tragen. Betreibt ein Budoka mehrere Sportarten, trägt er jeweils nur den in der betreffenden Sportart erworbenen Gürtel.

Vergabe durch Meisterschaftserfolg

12. In besonderen Einzelfällen können Dangrade für überragenden Meisterschaftserfolg vergeben werden, wenn der Betreffende mehrjährige hervorragende Leistungen als Wettkämpfer auf Bundes- oder internationaler Ebene erbringt. Dabei ist die Zeittafel zu beachten.

    Antragsberechtigt sind der Sportdirektor, der Bundesjugendleiter und die Bundesfrauenwartin für JUDO, bei anderen Budosportarten der betreffende Bundesvorsitzende der Sektion, sowie der Vorstand des DDK.

    Die Vergabe des I. Dan ist nicht möglich.

Vergabe durch Verleihung

13. In besonderen Fällen können Dan-Grade (2.-5. Dan) ohne technische Prüfung verliehen werden:
    a) für Budoka, die eine mindestens zehnjährige hervorragende Lehrarbeit im DJB oder DDK auf überregionaler Ebene nachweisen können, das 30. Lebensjahr vollendet haben und noch sportlich tätig sind,
    b) für Budoka, die eine mindestens zwanzigjährige aktive Tätigkeit im Sinne des DJB oder des DDK nachweisen können, das 40. Lebensjahr vollendet haben und noch sportlich tätig sind.

    Die Verleihung des 1. Dan ist nicht möglich. Bei Graduierungen ohne technische Prüfung und ohne Meisterschaftserfolg beträgt die Mindestvorbereitungszeit 5 Jahre.

    ### Antragsberechtigt sind
    1. Die Landes- oder Fachgruppen aufgrund eines Mehrheitsbeschlusses ihrer Jahresversammlung.
    2. Der Vorstand des DJB aufgrund eines Mehrheitsbeschlusses.
    3. Der Vorstand eines Landesverbandes aufgrund eines Mehrheitsbeschlusses.

    Die Antragsberechtigten sollen nur einmal pro Jahr Anträge zur Verleihung von Dan-Graden stellen.

14. Alle Anträge auf Verleihung eines Dangrades gemäß 12. und 13. sind mit einem vollständig ausgefüllten Graduierungsantrag des DDK an die zuständige Bundeskommission zu senden. Es ist zu erläutern, warum der Betroffene keine Prüfung ablegen kann oder soll; bereits früher erfolgte Verleihungen sind anzugeben. Dem Antrag ist ein Protokollauszug der betreffenden Sitzung mit Abstimmungsergebnis und Unterschrift des Vorsitzenden sowie eine detaillierte Darlegung des sportlichen Werdegangs des Betroffenen und seiner Aktivitäten, insbesondere seit seiner letzten Graduierung, beizufügen.

    Wird ein Antrag von der Bundeskommission befürwortet, wird er an den Präsidenten des DDK zwecks Ausstellung einer Urkunde übersandt. Die Urkunde soll vom Präsidenten des DDK unterzeichnet werden.

    Die Ablehnung von Anträgen durch die Bundeskommission erfolgt schriftlich mit Begründung. Einen abgelehnten Antrag kann der Antragsteller an den nächsten Dan-Tag zwecks erneuter Verhandlung stellen. Die dabei nach Anhörung der Stellungnahme der Bundeskommission getroffene Entscheidung ist endgültig.

Vergabe durch Anerkennung

15. Jeder, der außerhalb des DDK durch Prüfung einen Dan-Grad (1.-5. Dan) erworben hat, kann um Anerkennung des Dan-Grades nachsuchen, wenn alle folgende Bedingungen erfüllt sind:
    a) Die Graduierung erfolgte durch eine vom DJB/DDK anerkannte Organisation.
    b) Der Graduierte hatte nachweislich (z.B. infolge eines mindestens einjährigen Auslandsaufenthaltes) nicht die Möglichkeit, an einer Prüfung des DDK teilzunehmen.
    c) Die Verfahrensordnung für Dan-Grade wurde im wesentlichen (insbesondere im Hinblick auf Mindestalter, Vorbereitungszeit, Turniererfolg usw.) eingehalten bzw. am Tage der Antragstellung erfüllt.
    d) Die abgelegte Prüfung nachgewiesen wird.

    Der Anerkennungsantrag ist auf Graduierungsformular über die zuständige Landesgruppe an die zuständige Bundeskommission zu richten. Diese entscheidet über den Antrag. Sie ist berechtigt, eine Überprüfung zu verlangen. Das DDK bestätigt die Anerkennung durch eine Urkunde mit dem Vermerk „Anerkannter Dan-Grad des DDK e.V.", die vom Vorsitzenden der zuständigen Bundeskommission und vom Präsidenten des DDK zu unterzeichnen ist. Wird lediglich die Bedingung a) nicht erfüllt, so kann der Inhaber eines Dan-Grades einer nicht anerkannten Organisation in seiner zuständigen Landesgruppe zu einer Prüfung zugelassen werden, wenn er inzwischen mindestens sechs Monate Mitglied im DJB oder einer anerkannten Organisation ist. Die Prüfung erfolgt wahlweise für den Dan-Grad, der vorliegt, oder (wenn die erforderlichen Voraussetzungen gegeben sind) auf den nächsthöheren Dan-Grad. Wird ein niedrigeres Niveau festgestellt, so kann sich der Betreffende einer diesem Niveau entsprechenden Kyu- oder Dan-Prüfung am selben Tag oder später stellen.

Sämtliche Unterlagen sind der zuständigen Bundeskommission zur Bestätigung zuzuleiten. Nach der Bestätigung wird eine Urkunde „Anerkannter Dan-Grad des DDK" ausgefertigt und vom Vorsitzenden der zuständigen Bundeskommission und vom Präsidenten des DDK unterzeichnet. Als Bezugsdatum für spätere Graduierungen gilt der Tag der Prüfung im DDK.

Graduierungen ab 6. Dan

16. Ab 6. Dan werden keine technischen Prüfungen mehr durchgeführt. Die Antragsberechtigten gemäß Ziffer 13 können einen Antrag an die zuständige Bundeskommission stellen, dem folgende Unterlagen beizufügen sind:

    a) Ein vollständig ausgefüllter Graduierungsantrag des DDK, der die Befürwortung seiner Landes-oder Fachgruppe enthält. Ein Protokollauszug der betreffenden Sitzung mit Abstimmungsergebnis und Unterschrift des Vorsitzenden ist beizufügen.

    b) Eine detaillierte Darlegung seines sportlichen Werdegangs und seiner langjährigen Aktivitäten im Sinne von DJB und DDK, insbesondere seit seiner letzten Graduierung.

    c) Eine Stellungnahme des DJB

    Bei Graduierungen ab dem 6. Dan gelten folgende Zeiten:
    Die Graduierung zum 1. Dan soll 20 Jahre zurückliegen.
    6. Dan: Mindestalter 40 Jahre; die Graduierung zum 5. Dan muß wenigstens 6 Jahre zurückliegen.
    7. Dan: Mindestalter 48 Jahre; die Graduierung zum 6. Dan muß wenigstens 8 Jahre zurückliegen.

8. Dan: Mindestalter 58 Jahre; die Graduierung zum 7. Dan muß wenigstens 10 Jahre zurückliegen.

Die Bundeskommission entscheidet über den Antrag und leitet ihn, wenn sie eine positive Entscheidung getroffen hat, an den Präsidenten des DDK zwecks Ausstellung einer Urkunde weiter.

17. Unkostenbeiträge, Gebühren und Spesensätze bei Dan-Prüfungen richten sich nach der Beitrags- und Gebührenordnung sowie der Spesenordnung des DDK.
18. Ausnahmen von dieser und den sportspezifischen Verfahrensordnungen bedürfen des Beschlusses der betreffenden Bundeskommission und der Bestätigung durch den Vorstand des DDK. Der Beschluß muß mit schriftlicher Begründung eingereicht werden.

Über jeden Einzelfall hat der Vorstand dem nächsten Dan-Tag zu berichten.

Verfahrensordnung für Ju Jutsu-Dan-Grade

1. Alle nicht in dieser Ordnung aufgeführten Bestimmungen sind in der Satzung des DDK und in folgenden Ordnungen nachzulesen:
   a) Allgemeine Verfahrensordnung für Dan-Grade
   b) Beitrags- und Gebührenordnung
   c) Spesenordnung des DDK
2. Für die Vergabe von Dan-Graden ist allein der Bundessachbearbeiter für das Prüfungswesen zuständig. Graduierungen ohne technische Prüfung können nur von der Graduierungskommission der Bundesgruppe beschlossen werden.
3. Prüfen kann nur, wer eine gültige Prüferlizenz hat.

Die Prüferlizenz wird von dem zuständigen Sachbearbeiter für das Prüfungswesen erteilt, gilt für 2 Kalenderjahre und wird in den Budopaß oder Lehrgangskarte eingetragen. Sie kann jederzeit entzogen werden, wenn eine der Voraussetzungen nicht mehr erfüllt wird. Hierüber entscheidet der zuständige Sachbearbeiter, im Berufungsfall der Bundessachbearbeiter für das Prüfungswesen.

Voraussetzung für die Erteilung der Prüferlizenz ist:
   a) Beachtung der Ziffer 7 AVO Dan-Grade.
   b) Aktive Ausübung von Ju-Jutsu.
   c) Besuch eines Prüferlizenzlehrganges, der sich in einen technischen und einen theoretischen Teil gliedert und mit einer schriftlichen Prüfung abschließt. Lehrgangsleiter eines Prüferlizenzlehrganges kann

nur sein, wer eine entsprechende Arbeitstagung der Bundesgruppe besucht hat und von seinem Landessachbearbeiter dazu beauftragt wurde.
- d) Die genaue Kenntnis der geforderten Prüfungsinhalte sowie der Ordnungen des DDK werden durch eine schriftliche Prüfung festgestellt.
4. An einer Prüfung darf teilnehmen:
   - a) Wer die in der AVO für Dan-Grade genannten Bedingungen erfüllt.
   - b) Während der Vorbereitungszeit pro Jahr entweder ein Ju Jutsu-Bundesseminar, zwei Ju Jutsu-Bundes- oder Landes-Lehrgänge **aktiv** besucht hat.
   - c) Den gültigen Nachweis eines Erste-Hilfe-Lehrganges vorlegt, der nicht älter als drei Jahre sein darf. Ärzte, Sanitätspersonal u.ä. ausgebildete Personen benötigen nur eine Bescheinigung ihrer Dienststelle.
   - d) Den Nachweis der Lehrbefähigung erbringt durch
     1. Trainerlizenz — Fach Ju Jutsu (6 Punkte)
     2. Übungsleiter-Lizenz — Fach Ju Jutsu (5 Punkte)
     3. entsprechende Fachausbildung mit bestandener Abschlußprüfung zugl. Lehrprobe (4 Punkte). Der Lehrgang hat mindestens 10 Stunden zu betragen, der Prüfungsstoff ist aus dem vorangegangenen Ausbildungsprogramm zu nehmen. Der nach den Rahmenrichtlinien durchzuführende Lehrgang ist speziell auszuschreiben. Er darf nicht länger als 12 Monate zurückliegen.
   - e) Ausschreibung und Nominierung der Prüfer übernimmt der Landessachbearbeiter nach Zustimmung des Bundes-Sachbearbeiters für das Prüfungswesen. Nur ein Prüfer darf dem Verein des Prüflings angehören.
   - f) Ab 5. Dan sind die Prüfungen auf Bundesebene durchzuführen. Die Prüfungskommission wird durch den Bundes-Sachbearbeiter für das Prüfungswesen berufen. Höchstens ein Prüfer darf der Fachgruppe des Prüflings angehören.
   - g) Zwei Wochen vor dem Prüfungstermin (Poststempel) müssen dem zuständigen Sachbearbeiter die Anmeldeformulare zugehen, der sie dem Vorsitzenden der Prüfungskommission zusendet.
     Anträge für Prüfungen ab 5. Dan müssen 6 Monate vor dem Prüfungstermin dem Bundessachbearbeiter zugehen.
   - h) Die Vorbereitungszeit zwischen der Vergabe eines Grades beträgt

zum 1. Dan 1 Jahr Mindestalter 18 Jahre
zum 2. Dan 1 Jahr Mindestalter 19 Jahre
zum 3. Dan 2 Jahre Mindestalter 21 Jahre
zum 4. Dan 3 Jahre Mindestalter 25 Jahre
zum 5. Dan 4 Jahre Mindestalter 30 Jahre

Die Vorbereitungszeit kann abgekürzt werden:
Bei Erwerb der JJ Übungsleiter-Lizenz F um
6 Monate.
Bei Erwerb der JJ Trainer-Lizenz um ein Jahr.
Die Verkürzung kann jeweils nur einmal in Anspruch genommen werden. Sie gilt **nur** beim Erwerb eines Dan-Grades durch technische Prüfung.

5. Erreicht ein Prüfling in einem Fach nur die Punktzahl 2; bei ,,Vorkenntnissen" die Punktzahl 3, so ist für diesen die Prüfung abzubrechen. Bei mehreren Prüfern ist die Mehrzahl der Prüfer, bzw. die Quersumme in dem Einzelfach entscheidend. Dezimale sind ab- bzw. aufzurunden.

6. Die Prüfungsmarken werden bei Dan-Graduierungen immer auf die Urkunde geklebt.
Die Entwertung wird durch die Unterschrift des Prüfungskommissions-Vorsitzenden oder Sachbearbeiters für das Prüfungswesen vorgenommen. Eine Eintragung oder Urkunde ohne gültige Prüfungsmarke bzw. Unterschrift des zuständigen Sachbearbeiters wird nicht anerkannt.

7. Eine Ausfertigung der Prüfungsliste wird dem zuständigen Sachbearbeiter zur Aufbewahrung zugesandt.

8. a) Prüfungsmarken für Dan-Grade werden nur vom Bundes-Sachbearbeiter für das Prüfungswesen ausgegeben.
Die Aufnahmegebühren und die Jahresbeiträge sind von der Fachgruppe mit einem Abrechnungsbeleg dem Kassenwart der Bundesgruppe zu übersenden. Dieser rechnet mit dem Schatzmeister des DDK ab.
b) Alle Kosten und Gebühren sind vom Prüfling **vor** der Prüfung zu entrichten.

9. Diese Verfahrensordnung tritt am 1. Januar 1979 in Kraft. Alle Graduierungen ab diesem Datum müssen dieser Ordnung entsprechen.

Deutschen Dan-Kollegium e.V.
— Bundesgruppe Ju Jutsu —

gez. Kühnel
Vorsitzender

gez. Gresch
Bundessachbearbeiter f. d. Prüfungswesen

Grad	Vorkenntnisse	Fallschule	Grund., Bewegungsl., Lösetechniken	Block, Schlag, Stoß- und Tritttechniken	Hebeltechniken		Wurftechniken	Kombinationen	Festlege-, Aufhebe- u. Transporttechniken	Würgen und Scheren	Angesagte Angriffe mit Abnehmen von Waffen	Freie SV gegen freie Angriffe	Lehrbefähigung	Gegentechniken	Weiterführungstechniken	Stocktechniken	Kata	17	18	19	20	21 Lehrgangsnachweis	22	23 Erste-Hilfe-Nachweis	Anzahl der Prüfungsfächer	Anzahl der Prüfer	Anwärter kann erreichen	muß erreichen (zwei Drittel)	hat erreicht (Pr. d. Liste)
5. Kyu		X	X	X	X		X	X	X																7	1	42	28	
4. Kyu	X	X	X	X	X		X	X	X																8	1	48	32	
3. Kyu	X	X	X	X	X		X	X	X	X	X	X													11	2	132	88	
2. Kyu	X	X	X	X	X		X	X	X	X	X	X													11	2	132	88	
1. Kyu	X		X	X	X		X	X	X	X	X	X													10	2	120	80	
1. Dan	X		X	X	X		X	X	X	X	X	X	X	X	X										11	3	198	132	
2. Dan	X		X	X	X		X	X	X	X	X	X	X	X	X										11	3	198	132	
3. Dan	X		X	X	X		X	X	X	X		X	X	X	X	X	X								12	3	216	144	
4. Dan	X		X	X	X		X	X	X	X		X	X	X	X	X	X								14	3	252	168	
5. Dan	X		X	X	X		X	X	X	X		X	X	X	X	X	X								14	3	252	168	

Prüfungsliste — **Auswertung**

Fachwörterbuch

5. Kyu-Grad

1. Unterarmblock nach oben	Jodan Uke, Age Uke
2. Unterarmblock nach innen	Chudan Soto, Ude Uke
3. Unterarmblock nach außen	Chudan Ushi, Ude Uke
4. Tiefblock nach außen und nach innen	Gedan Barai Gedan Uke
5. Handfegen	Te Nagashi Barai
6. Faustschlag	Tsuki
7. Griffsprengen und Grifflösen	Kakiwaki, Tegatana Waza
8. Armriegel von außen	Gyaku Kannuki Gatame
9. Handdrehbeugehebel	Kote Mawashi Irimi
10. Hüftwurf	Koshi Waza

4. Kyu-Grad

1. Handkantenblöcke	Shuto Uke
2. Handaußenkante, Schlag nach außen und innen	Shuto Uchi
3. Knieschlag	Hiza Geri
4. Fußtritt und Fußstoß vorwärts	Mae Geri Keage, Mae Geri Kekomi
5. Fersenstoß und Fersentritt	Kagato Geri
6. Beineinhängen	Ashi Gake
7. Körperabbiegen	Kuzure Irimi Nage
8. Fingerhebel — Fingerpresse	Yubi Kantsetsu Waza
9. Kipphandhebel	Kote Gaeshi Irimi/-Tenkan
10. Genickdrehhebel	Tate Hishigi
11. Armstreckhebel zum Boden	Ude Osae Irimi und Tenkan
12. Große Außensichel	O Soto Gari

3. Kyu-Grad

1. Hand- und Fingerstiche — Nukite Waza
2. Kopfstoß — Atama Ate
3. Fußtritt und Fußstoß seitwärts — Yoko Geri Kekomi
4. Freies Würgen — Ushiro Jime
5. Handbeugehebel — Kuzure Kote Gaeshi
6. Kreuzfesselgriff — Ude Garami Henka Waza
7. Armstreckhebel über die Schulter — Ude Hishigi (Kuzure)
8. Beinhebel — Ashi Kansetsu Waza
9. Fußhebel — Ashi Kujuki / Ashi Dori Garami
10. Beindurchzug — Ashi Dori
11. Große Innensichel — O Uchi Gari
12. Hüftrad — Koshi Guruma, Koshi Nage
13. Schulterwurf — Seoi Nage, Ippon S.N. spez.

2. Kyu-Grad

1. Knöchelfaustschlag — Nakadaka Ippon Men, Hira Ken
2. Handballenschlag — Shotei oder Theisho Uchi
3. Fußrückstoß — Ashi Gaeshi
4. Ohrendruck — Atemi Waza
5. Nasendruck — Atemi Waza
6. Knöchelwürge — Eri Jime
7. Handdrehhebel — Kote Mawashi Tenkan
8. Knieschulterstreckhebel — Würgen — Shime Garami
9. Körperstreckhebel — Tai Waki Gatame
10. Fersenrückwurf — Kagato Gaeshi
11. Ausheber oder Schaufelwurf — Sukui Nage, Ushiro Goshi, Utsuri Goshi, Te-Guruma
12. Kopfwurf — Tomoe Nage
13. Eckenwurf — Sumi Gaeshi

1. Kyu-Grad

1. Hand — Faustrückenschlag — Uraken Uchi
2. Handinnenkante, Schlag nach außen und innen — Haito Uchi
3. Fußtritt rückwärts — Ushiro Geri
4. Transportwürge — Kuzure Ushiro Jime
5. Handsperrhebel — Kuzure Gyaku Kote Gaeshi
6. Bauchstreckhebel — Hara Gatame
7. Drehstreckhebel — Hizi Maki Komi
8. Beinriegel — Ashi Hishigi
9. Kippstreckhebel — Gyaku Juji
10. Seitstreckhebel — Ude Hishigi Juji Gatame
11. Doppelhandsichel — Morote Gari
12. Kleine Innensichel — Ko Uchi Gari
13. Außendrehwurf — Soto Maki Komi
14. Schulterbeinzug — Kagato Gaeshi
15. Kleiner Eingangswurf — Kuzure Irimi Nage

1. Dan

1. Preßluftschlag — Kumade Uchi
2. Ellenbogenschlag vorwärts nach oben — Tate Empi Uchi, Ago Empi Uchi
3. Ellenbogenschlag vorwärts — Mae Empi Uchi
4. Ellenbogenstoß nach hinten — Ushiro Empi Uchi, Ushiro Hiji Ate
5. Ellenbogenstoß zur Seite — Yoko Empi Uchi, Yoko Hiji Ate
6. Ellenbogenstoß nach unten — Otoshi Empi Uchi
7. Handseithebel — Kuzure Kote Mawashi
8. Armbeugehebel — Ude Garami
9. Beinbeugehebel — Hiza Garami
10. Beinstrecker — Ashi Osae
11. Nierenschere — Do Jime
12. Körperrückstoß — Omote Nage, Irimi Nage
13. Hebezugfußhalten — Sasae Tsuri Komi Ashi
14. Hebehüftwurf — Tsuri Komi Goshi
15. Seitenrad — Yoko Guruma
16. Scherenwurf — Hasami Gaeshi, Kani Basami

2. Dan

1. Halbkreisfußtritt vorwärts — Mawashi Geri
2. Halbkreisfußtritt rückwärts — Ushiro Mawashi Geri
3. Handdrehgriff — Kote Hineri
4. Armdrehgriff — Tekubi Osae
5. Armbrecher — Hangetsu Uke
6. Beinhalsschere — Hiza Jime (Shime)
7. Beinrückzug — Ashi Dori (Kuzure)
8. Beinriß — Ashi Dori (Kuzure)
9. Rückriß — Kuzure Irimi Nage
10. Armriegel von innen — Kannuki Gatame
11. Genickbeugehebel — Kubi Hishigi
12. Kleine Außensichel — Ko Soto Gari
13. Talfallzug — Tani Otoshi
14. Körperwurf — Tai Otoshi
15. Schwertwurf — Shiho Nage
16. Schleuderwurf — Kaiten-Nage